ATTI DI KRESTOS SAMRĀ

CORPUS
SCRIPTORUM CHRISTIANORUM ORIENTALIUM
EDITUM CONSILIO
UNIVERSITATIS CATHOLICAE AMERICAE
ET UNIVERSITATIS CATHOLICAE LOVANIENSIS
Vol. 164

SCRIPTORES AETHIOPICI
TOMUS 34

ATTI DI KRESTOS SAMRĀ

TRADOTTI
DA

ENRICO CERULLI

LOUVAIN
SECRÉTARIAT DU CORPUSSCO
WAVERSEBAAN, 49
1956

INTRODUZIONE

La Chiesa Etiopica venera come santa : Krestos Samrā, i cui Atti qui pubblichiamo. La sua commemorazione si celebra il giorno 24 del mese etiopico di *ḥamlē,* come è detto negli Atti stessi. La vita di Krestos Samrā non risulta inclusa nei manoscritti sin ora noti del Sinassario etiopico, per quanto non sia da escludere che essa si possa rinvenire, in avvenire, in codici non ancora catalogati. Risulta dagli Atti che Krestos Samrā fu una monaca, di origine scioana, che si venne a stabilire nella regione del Lago Tana, dove fondò un monastero nell'isola di Guangut con un santuario dedicato a S. Michele Arcangelo. In tale santuario essa fu sepolta.

Un primo problema che si pone è quello cronologico : in quale epoca fiorì Krestos Samrā? Gli Atti qui editi sono stati scritti, come è detto esplicitamente nel colophon, durante il regno del negus Dāwit II; e cioè Lebna Dengel, che regnò dal 1508 al 1540. Abbiamo così un terminus ante quem, da ravvicinare ancora, se si pensa che la seconda parte del regno di quel Sovrano fu agitatissima per le popolazioni etiopiche a causa della invasione condotta dall'imām Aḥmed ibn Ibrāhīm, detto : Grāñ. Bisogna perciò piuttosto considerare come data probabile la prima parte del regno di Lebna Dengel, epoca rimasta poi leggendaria per la sua tranquilla prosperità [1].

Un altro utile dato ci è offerto dalla citazione di Krestos Samrā nel « Libro del Patto di Misericordia » *(maṣḥafa Kidāna Meḥrat),* contenuto nel codice della Bibliothèque Nationale di Parigi, D'Abbadie 74 (= Conti Rossini 103) scritto alla fine del XV o primi anni del XVI secolo [2]. L'opera stessa, del resto, fu composta durante il regno del negus Nā'od (1494-1508), predecessore immediato di Dāwit II Lebna Dengel [3].

1 Cfr I. Guidi, *Leggende storiche di Abissinia* in *Rivista degli Studi Orientali,* I, 1907, p. 17-18.

2 C. Conti Rossini, *Notice sur les manuscrits éthiopiens de la Collection D'Abbadie* in *Journal Asiatique,* 1912-1914, p. 133 dell'estratto (= 1913, p. 483).

3 C. Conti Rossini, *Il convento di Tsana in Abissinia e le sue Laudi alla Vergine* in *Rendiconti R. Accademia dei Lincei,* sc. mor. 1910, p. 620.

Ancora negli Atti viene espressamente narrato come Krestos Samrā ebbe il monacato nel convento scioano di Dabra Libānos, prima di trasferirsi nella regione del Lago Tana; e l'autore degli Atti, parallelamente, è anche egli un monaco di Dabra Libānos, figlio spirituale — come si dichiara — di Takla Hāymānot. E noi sappiamo che la supremazia del convento di Dabra Libānos sui monasteri etiopici si affermò appunto nel secolo XV : ciò che giustifica negli Atti quell'episodio ed ancora l'opera dell'autore degli Atti stessi. La lotta per la egemonia di Dabra Libānos può dirsi iniziata con i privilegi concessi dal negus Zare'a Yā'qob all'abbate Andrea nel dicembre 1445 e si può considerare conclusa nella seconda metà del secolo, probabilmente durante il regno di Ba'eda Māryām I (1468-1478) [4].

Infine negli Atti si allude ad una terribile epidemia di peste durata tre anni in Etiopia e la cui fine viene prodigiosamente annunziata a Krestos Samrā. È possibile identificare tale epidemia con la peste che devastò l'Etiopia durante il regno di Zare'a Yā'qob in una data da fissare all'incirca dopo il 1454 e prima del 1468, come ho detto altrove [5].

Inoltre gli Atti qui editi citano la ben nota *Vita di S. Alessio*, che fu tradotta in etiopico prima del 1425 (data di un catalogo di codici della comunità etiopica di Gerusalemme, che per primo la cita).

Sembra perciò lecito supporre che Krestos Samrā visse nel secolo XV; e che gli Atti furono scritti soltanto qualche decennio dopo la sua morte dal monaco Filippo, del convento di Dabra Libānos.

***

Vale la pena, tuttavia, di notare che gli Atti di Yāfqeranna Egzi'e, fondatore del monastero di Guggubēn nella regione del Lago Tana,

[4] E. Cerulli, *Gli abbati di Dabra Libānos, capi del monachismo etiopico, secondo la lista rimata* in *Orientalia*, XIII, 1944, p. 143-144 e p. 148.

[5] *Un frammento degli Atti di Batērgēlā Māryām* in *Rassegna di Studi Etiopici*, III, 1943, p. 136; e *Gli abbati di Dabra Libānos* cit. in *Orientalia*, XIII, 1944, p. 145. Tuttavia, è da tener presente che un'altra epidemia di peste si ebbe in Etiopia a metà del secolo XIV, come attestano gli Atti di Samuele di Dabra Halelo e gli Atti di Zēnā Māryām (cfr il mio art. *Gli Atti di Zēnā Māryām, monaca etiopica del secolo XIV* in *Rivista degli Studi Orientali*, XXI, 1946, p. 123).

narrano [6] come il principe *(naggāši)* del Goggiam, Wedem, assegnò come dimora ad Yāfqeranna Egzi'e l'isola di Meṣlē e, poichè questa isola era già occupata da monache, il principe le fece spostare nella vicina isola di « Guagut ». Questa è certo da identificare con la isola Guangut degli Atti di Krestos Samrā. Dunque una comunità monastica femminile era giunta così a Guangut, sia pure non spontaneamente ma jussu Principis, già durante la vita di Yāfqeranna Egzi'e, il quale — contemporaneo del negus ʿAmda Ṣeyon I — fiorì nel secolo XIV [7]. Ora nè i nostri Atti fanno alcuna menzione di una comunità monastica preesistente all'azione di Krestos Samrā nell'isola di Guangut; nè, d'altra parte, gli Atti di Yāfqeranna Egzi'e nominano Krestos Samrā. Del resto, gli Atti di Yāfqeranna Egzi'e non dànno alcuna notizia sulla sorte della comunità femminile trasferita da Meṣlē a Guangut, eccetto quella dei tentativi delle monache di rioccupare Meṣlē : ciò che è naturale, ma non implica necessariamente l'abbandono totale di Guangut.

Quale è allora il valore da attribuire a questo passo degli Atti del fiero monaco del XIV secolo in confronto della storia di Krestos Samrā? Se analizziamo le notizie degli Atti di Krestos Samrā circa Guangut, vediamo che : prima viene a lei profetizzato (da Mosè, Elia e S. Giovanni Battista) « Tra poco tempo tu sarai badessa nel monastero di nome Guangut »; poi S. Michele Arcangelo viene ad annunziarle che « è arrivato il tempo che quelli ti preannunziarono » e che essa ormai deve edificare il santuario dell'Arcangelo « nell'isola chiamata Guangut ». Arriva quindi il monaco Isacco che sarà a capo della comunità monastica maschile e coadiuverà Krestos Samrā nella costruzione del santuario (a lui l'Angelo aveva detto : « Va nell'isola di Guangut! Lì troverai una donna eletta ed onorata di nome Krestos Samrā »). Infine giungono le donne che si destinano al monacato e costituiscono la comunità, di cui Krestos Samrā sarà badessa. Dall'insieme di queste notizie si ricava l'impressione che Krestos Samrā costruì nell'isola di Guangut una chiesa dedicata a S. Michele Arcangelo e che intorno alla chiesa si costituì una comu-

6 J. WAJNBERG, *Das Leben des Hl. Jāfqerana ʾEgzīʾ* (*Orientalia Christiana Analecta* nº 106), Roma, 1936, p. 26-27.

7 C. CONTI ROSSINI, *L'agiografia etiopica e gli Atti del santo Yāfqeranna Egziʾ* in *Atti del R. Istituto Veneto di Scienze e Lettere*, XCVI, 1936-1937, p. 422-427.

nità monastica femminile, di cui Krestos Samrā fu la prima badessa, mentre il monaco Isacco aveva intorno a sè una minore comunità maschile. Abbiamo quindi attribuita così a Krestos Samrā dagli Atti la fondazione del monastero di S. Michele di Guangut; e non è detto mai che tale monastero fosse il primo od il solo fondato in quell'isola. Non mi pare, dunque, che l'episodio degli Atti di Yāfqeranna Egz'e sia in tale diretta contraddizione con quelli dei nostri Atti da porre in dubbio la data del secolo XV qui proposta per Krestos Samrā [8].

***

L'origine scioana di Krestos Samrā, asserita dagli Atti, sembra possa essere accettata senza particolari difficoltà. Si trovano, infatti, non pochi esempi di monaci e religiosi dello Scioa [9] che vennero a stabilirsi nelle regioni Nord-Occidentali dell'Etiopia sia per opera di apostolato verso quelle popolazioni allora pagane (Agau) o di religione giudaica (Falascia) e sia per svolgere attività parallela a quella che i zelanti monaci del Tigrè sviluppavano partendo dalle regioni del Nord.

8 Sia pure con il limitato valore di argumentum ex silentio si può aggiungere che, mentre gli Atti di Yāfqeranna Egzi'e ricordano chiaramente le lotte che quel monaco dovette sostenere contro le pretese del priore di S. Quirico del Tana il quale riteneva di aver giurisdizione sulle comunità nelle isole vicine (come è il caso di Guangut), gli Atti di Krestos Samrā non hanno alcun cenno nè di tali pretese contrastate nè di una sottomissione della comunità di Guangut a quella dell'isola Tana, pur menzionando — come è ovvio — S. Quirico. Perciò appare che gli Atti furono scritti quando il priore di S. Quirico aveva rinunziato alle sue pretese : ciò che dovette, più o meno, coincidere col privilegio accordato all'abbate di Dabra Libānos nel dicembre 1445, come abbiamo detto sopra nel testo. E gli Atti non sono stati redatti molto dopo la morte della santa Krestos Samrā.

Per le pretese del priore di S. Quirico di Tana cfr J. Wajnberg, *op. cit.*, p. 26-33 e C. Conti Rossini, *L'agiografia etiopica* cit. p. 417-418.

9 Basti citare il centro costituito (a metà del secolo XIV) a Dabra Gol, nell'Amara, dal monaco scioano Baṣalota Mikā'ēl (*Acta Sancti Baṣalota Mikā'ēl* in CSCO, *Scriptores Aethiopici*, t. XX, Roma, 1905); e quello dello scioano Gabra Nāzrāwi a Dabra Dārit (cfr E. Cerulli, *Gli Atti di Zēnā Maryam* in *Rivista degli Studi Orientali*, XX, 1948, p. 125-126); dello scioano Takla Alfā nel secolo XV (cfr E. Cerulli, *Gli Atti di Takla Alfā* in *Annali dell'Istituto Superiore Orientale di Napoli*, N.S. vol. II, 1942), ecc.

D'altronde, è chiaro che l'origine scioana di Krestos Samrā è collegata, negli Atti stessi, con l'episodio della monacazione di lei nel convento scioano di Dabra Libānos. Ed entrambe queste circostanze sono appoggiate dal racconto che fanno gli Atti circa i rapporti di Krestos Samrā con la Corte del Negus, che appunto nel secolo XV aveva il suo centro nello Scioa.

Non è da trascurare l'altro dato degli Atti circa il matrimonio di Krestos Samrā con il figlio del *qēsa ḥaḏē* Iyasus Mo'a. Il *qēsa ḥaḏē* 'cappellano regio' era un ecclesiastico della Corte del Negus che sovraintendeva alle 'cappelle del campo' regale ed al loro clero [10]; e che, per la sua situazione personale, poteva avere anche notevole influenza sulla politica ecclesiastica del Sovrano [11]. Questo Iyasus Mo'a, della stirpe degli 'Eḍa Sergwā, diventato *qēsa ḥaḏē,* non ci è altrimenti noto [12]; ma non è impossibile che il suo nome possa, in avvenire, essere ritrovato in manoscritti oggi non ancora esaminati.

***

Conviene ora esaminare la questione dell'ubicazione precisa del monastero fondato da Krestos Samrā, dove più tardi si dirigeva il pellegrinaggio alla tomba della Santa.

Negli Atti, come abbiamo ora accennato, è detto chiaramente che il monastero di Krestos Samrā era nell'isola di Guangut nel Lago Tana. Tuttavia non sembra sicuro che l'isola abbia conservato tale nome sin oggi. Invero nella carta allegata alla relazione di viaggio della missione Graham-Black [13] è segnata col nome di « Christos Samra » un'isola nel Lago Tana, poco a Nord-Ovest della foce del fiume Gumara. L'ubicazione di tale isola corrisponde perfettamente con quella di Guangut degli Atti; e perciò è da ritenere che Guangut sia oggi chiamata col nome della Santa colà venerata.

10 Per 'le cappelle del campo' cfr il mio *Libro etiopico dei Miracoli di Maria,* Roma, 1943, p. 121-122.

11 Cfr il singolare episodio degli Atti di Filippo di Dabra Libānos nel mio cit. art. *Gli abbati di Dabra Libānos, capi del monachismo etiopico, secondo la lista rimata* in *Orientalia,* XII, 1943, p. 248-250.

12 Beninteso, questo ecclesiastico, cappellano del Re, non va confuso con il santo Iyasus Mo'a, abbate di Ḥayq, nel secolo XIII, per il quale vedi C. Conti Rossini, *Storia d'Etiopia,* vol. I, Milano, 1928, p. 320.

13 G. W. Grabham and R. P. Black, *Report of the Mission to Lake Tana 1920-1921,* Cairo, 1926.

Ma la missione Duchesne-Fournet, che fu al Lago Tana circa venti anni prima di quella Graham Black, ignora un'isola « Krestos Samrā » ; e segna invece sulla terra ferma [14] alla riva orientale del Lago, poco a Nord della foce del Gumara, una chiesa « Christos Samra ». La notizia della missione Duchesne-Fournet sembrerebbe confermata da quanto nel 1936 scriveva il Cheesman [15], sia pure lasciando il dubbio sulla precisione delle informazioni raccolte. Il Cheesman, infatti, mentre dichiara che sulla riva destra del Gumara (quindi, a Nord della foce) è una chiesa detta « Kristos Samra », sulla cima di un rialzo montano, aggiunge che egli non ha avuto occasione di andare colà. Si può quindi pensare — a meno che non si tratti di un equivoco della missione Duchesne-Fournet, da cui dipenda poi il Cheesman — che anche sulla riva del lago di fronte all'isola, dove Krestos Samrā dimorò, era stata edificata più recentemente una chiesa dedicata egualmente ad essa Santa.

***

La principale caratteristica degli Atti di Krestos Samrā è che la maggior parte della narrazione viene costituita da una serie di visioni che ha la santa monaca e che sono raccontate in persona di lei negli Atti. Sono in tutto una trentina di visioni. Una notevole parte di esse sono soltanto **esaltative** della santa Krestos Samrā e celebrano i particolari rapporti, anche fisici, che essa dichiara di avere nel mondo sovrannaturale. Così i doni che le vengono prodigiosamente fatti nelle visioni : la icone dell'« Antico dei Tempi » (*Daniele,* VII, 9), che le è donata da Gesù; la tunica inconsutile (*Ioh.,* XIX, 23-24), che è egualmente concessa a Krestos Samrā dal Signore; l'acino d'uva che lo Spirito Santo le dà a succhiare senza che essa possa consumarlo. Questa scena, che si svolge (in visione) nella « Terra dei Viventi », è collegata con una serie di altre visioni, nelle quali analogamente le labbra di Krestos Samrā sono il mezzo della sua esaltazione : Gesù le dà a succhiare la piaga del suo costato; Gesù le fa porre le labbra sulle sue ascelle; Maria le dà a poppare le mammelle (anche qui

14 JEAN DUCHESNE-FOURNET, *Mission en Éthiopie (1901-1903), Atlas,* Parigi, 1908, Tavola 9.

15 R. E. CHEESMAN, *Lake Tana and the Blue Nile. An Abyssinian Quest,* Londra, 1936, p. 172.

ricordo, più o meno consapevole, del numeroso gruppo dei 'prodigi del latte' nel Libro dei Miracoli di Maria). Così anche, in un'altra visione, Gesù pone la santa Krestos Samrā sotto la particolare protezione della reliquia della lingua dell'infante San Quirico, senza rivelare per altro dove tale reliquia si trovi [16]. Ed infine, poichè Krestos Samrā ha una speciale devozione per S. Michele Arcangelo, Gesù le appare e la affida al patronato anche degli altri due Santi Arcangeli, Raffaele e Gabriele.

La gloria della Santa è pure celebrata in un altro gruppo di visioni, nelle quali Gesù o l'Arcangelo S. Michele mostrano a Krestos Samrā le anime, che essa salverà con la sua intercessione, in varie forme : 'quante sono le goccie di una pioggia quotidiana di quattro mesi'; oppure nell'aspetto di acini di grano (per due volte) ; o come 'pesci marini, ammalati e piagati' presi nella rete dell'agone spirituale della Santa; od, infine, in figura di 'vitelli bianchi, sazi di latte' e di 'bianche api'.

Poi, tipicamente, altre visioni valgono a porre la gloria della Santa in relazione con la gloria di altri Santi venerati dell'Etiopia: il santo re Lālibalā, che le dà il benvenuto e scrive il nome di lei con caratteri aurei [17]; il santo abbate Takla Hāymānot, che le appare presso la colonna prodigiosa, sulla quale sono effigiati i santi; il santo monaco Gabra Manfas Qeddus, che la visita (in visione) e le dà consigli.

Queste visioni esaltative della Santa pongono molti problemi : e, primo fra tutti, quello per noi insolubile se il loro racconto sia intieramente opera dell'agiografo oppure se l'autore degli Atti non si sia, più o meno, servito di ricordi ed echi raccolti negli ambienti dei discepoli di Krestos Samrā, dove potrebbero forse essere cominciati a circolare le narrazioni di tali prodigi. Sono, comunque, notevoli due fatti : il **numero** di queste visioni glorificatrici che negli Atti la santa narra in prima persona (il numero ed il tono dei racconti sono insoliti anche nella letteratura agiografica etiopica) ; e la celebrazione dei meriti del pellegrinaggio all'isola di Guangut presso la tomba della santa (Guangut è paragonata rettoricamente al Monte Tabor ed al Monte degli Ulivi), pellegrinaggio che tuttavia

16 Sembra perciò che la reliquia della lingua non era conservata nel santuario di S. Quirico di Tana; ma piuttosto si tratti di una rivelazione per visione.

17 Il culto del re Lālibalā come santo si era già affermato nel secolo XIV, come provano gli Atti di Zēnā Māryām (*op. cit.*, p. 154).

non dovette durare molto dopo la morte della Santa; perchè, come abbiamo visto, non si trova più menzione di Krestos Samrā in scritti etiopici posteriori al «Libro del Patto di Misericordia» alla fine del XV secolo nè della stessa Guangut più vien fatta parola. Questo fa supporre che il ciclo della venerazione per Krestos Samrā, al di là del culto locale, voglio dire, non sia stato lungo; e forse avranno influito su tale riduzione i terribili avvenimenti del secolo XVI in Etiopia : invasione musulmana ed invasione dei Galla.

***

Ma altre visioni di Krestos Samrā hanno nuovo e forse maggiore interesse; sono quelle che pongono, sia pure in maniera semplice, quesiti di morale, ai quali viene data poi soluzione per rivelazione divina. La più importante di tali visioni è quella, nella quale la Santa chiede a Gesù perchè Egli non perdoni ai dannati : e, cioè, perchè siano eterne le pene dell'inferno. Gesù risponde che le sofferenze da Lui patite durante la Passione pesano, in bilancia di eterna giustizia, più che i peccati degli uomini. Il sacrificio del Figlio di Dio ha, dunque, reso possibile la redenzione degli uomini, ma questi per ottenere la redenzione individuale debbono coi loro meriti esser degni in giustizia di quel sacrificio, che altrimenti peserà contro di loro. Qui Krestos Samrā pone il quesito estremo sulla eventualità che Satana sia salvo. E Gesù la fa accompagnare nell'Inferno, dove la Santa, che dichiara la sua ingenua fiducia che «ormai riposeranno i dannati, perchè mi pare che Satana vuole misericordia e non vuole più esser Dio», è invece incontrata dal demonio, che ripete le sue parole di infinita superbia («qui dove io sono Dio»). La salvazione di Satana è dunque eternamente impossibile perchè è eternamente impossibile il suo pentimento.

Questo stesso problema viene accennato, in una visione degli Atti, in altra forma : quello del valore essenziale del pentimento. L'uomo, che fa apertamente il bene, è oggetto del riso del demonio, il quale già lo vede cedere al peccato; quello, che apertamente fa il male, è oggetto del pianto del demonio, il quale ne prevede il pentimento.

Ed, infine, ha un comprensibile lato umano la tentazione — narrata, come al solito, per visione — di riposarsi dal duro agone delle pratiche ascetiche e non affliggere oltre misura la carne. Il

demonio, che così tenta Krestos Samrā, è in figura di un venerabile Metropolita; e la Santa vittoriosamente lo respinge. Ma non aveva forse il demonio assunto l'aspetto di un Metropolita, a tentare così Krestos Samrā, per giovarsi malignamente delle scarse simpatie che negli ambienti dirigenti della Chiesa Etiopica si potevano giustamente avere per gli eccessi dell'ascesi?

***

Gli Atti contengono qualche particolare sull'ascesi di Krestos Samrā. Se confrontiamo questi dati con quelli che gli Atti di Zēnā Māryām contengono circa l'ascesi [18] di quell'altra monaca etiopica (del secolo XIV), noi vediamo che :

a) le flagellazioni sono una delle pratiche essenziali di Zēnā Māryām, seguite anche da scorticature e graffi. Invece negli Atti di Krestos Samrā non si parla di tali flagellazioni (usuali, pure, nell'ascesi etiopica, almeno nel secolo XIV) ; e veramente la sola menzione di esse è negativa : quando Krestos Samrā dice, in una visione, a Gesù : 'non vesto cilicio nè sono abituata alle flagellazioni';

b) le astinenze e digiuni. Ovviamente sono praticati anche da Krestos Samrā. Gli Atti ricordano come il mercoledì, venerdì e sabato essa non si cibava che di una frazione di pane. Altra volta la Santa fa voto di astenersi dal mangiare pesce; e, tentata di mangiarne, viene richiamata da Gesù in visione;

c) l'astensione dal parlare. Krestos Samrā, secondo gli Atti, la praticava appunto il mercoledì, venerdì, e sabato. Non ne abbiamo menzione, invece, negli Atti di Zēnā Māryām;

d) il restare in piedi per alcune ore nelle acque del Lago in meditazione e preghiera, pratica spesso ricordata negli Atti e che corrisponde in certo modo a quella del santo Takla Hāymānot, il quale soleva restare, lungo tempo, diritto su di un solo piede, secondo la tradizione etiopica;

e) il farsi seppellire a metà busto in una fossa scavata nel terreno. Gli Atti di Zēnā Māryām già narrano come quella monaca rimase quaranta giorni in una fossa, che si era fatta appositamente

18 *Atti di Zēnā Māryām*, cit. p. 131-132.

scavare e cospargere di spine. Così anche Krestos Samrā si fa scavare una fossa profonda quanto la sua propria statura; pone nella fossa un palo di noce cui si lega; e fa piantare sulle pareti della fossa intorno a sè dodici chiodi che la costringono in una posizione obbligata e resta così lungamente (gli Atti dicono addirittura : dieci anni).

Anche il monaco Isacco, capo della comunità monastica maschile sorta a fianco di quella di Krestos Samrā, dopo la morte della Santa, si fa scavare una fossa e rimane là per quaranta giorni (secondo gli Atti). E le monache, discepole di Krestos Sāmrā, pure « scavarono una fossa e si mettevano lì dentro in piedi, ignude e piangevano per i loro peccati ».

La pratica delle sepolte vive era, perciò, con vari inasprimenti, seguita sia nella comunità monastica femminile (e maschile) di Guangut al tempo di Krestos Samrā (XV secolo) che in quella femminile dell'Enfrāz, sempre nella regione del Lago Tana, al tempo di Zēnā Māryām (XIV secolo).

L'insieme di queste pratiche ascetiche era poi completato, a Guangut come nell'Enfrāz, dalla frequentissima lettura dei testi della Scrittura (Krestos Samrā dichiara che « il Vangelo ed il Pentateuco sono sempre sulla mia testa, di giorno e di notte »; e raccomanda alle sue monache la lettura della Scrittura che anzi essa interpreta per loro, ecc).

L'ascesi delle comunità monastiche etiopiche in questi due secoli, e non soltanto in essi, ci appare quindi assai rigida; e tale, d'altronde, fu la costante impressione che ne ebbero gli Europei i quali incontravano i monaci etiopici a Gerusalemme, dal domenicano Burcardo da Monte Sion (nel XIII secolo) [19] almeno sino al minorita Francesco Quaresmi (secolo XVII) [20]. Un apprezzamento su queste asperità dell'ascesi etiopica non può onestamente esser fatto senza tener conto della storia del paese, nel quale gli asceti agivano, e senza un sentimento di ammirazione per il sincero spirito di sacrificio col quale venivano generalmente accettati quei tormenti. Ricordo qui un dotto ecclesiastico etiopico, l'alaqā Kenfē del san-

19 Cfr il mio libro : *Etiopi in Palestina. Storia della comunità etiopica di Gerusalemme,* vol. I, Roma, 1943, p. 85 e *passim.*

20 *Etiopi in Palestina,* cit. vol. II, Roma, 1947, p. 92 e *passim.*

tuario di Dabra Dimā, di cui ho parlato in altri miei scritti [21], che nel 1929 preferì, gravemente ammalato, di affrontare la morte con la sua astinenza dal cibo anzi che violare la sua pratica del digiuno totale del mercoledì.

Ma è anche chiaro come questa ascesi, così aspramente attuata, può condurre psicologicamente ad una valutazione pessimistica del corpo, considerato come l'avvilente ostacolo alla perfezione. Così anche negli Atti di Krestos Samrā leggiamo la visione nella quale la Santa vede il suo corpo ridotto alle proporzioni di quelle ripugnanti di un ragno; ed ancor più l'altra visione nella quale l'anima di Krestos Samrā rapita in estasi al cielo rifiuta di rientrare nella putredine del corpo e l'Arcangelo S. Michele è costretto ad introdurla per forza nuovamente nel corpo dalla bocca « come chi introduce un coltello nella sua guaina ».

*
**

Gli Atti di Krestos Samrā ci fanno così assistere alla costituzione di una comunità monastica nell'Etiopia del secolo XV. Una nobile donna di ricca famiglia, Krestos Samrā, presa da pentimento per un colpevole atto di ferocia commesso contro una sua serva, abbandona la sua casa e si rifugia nel monastero di Dabra Libānos dove è ordinata monaca. Da Dabra Libānos, poi, si reca nella lontana regione del Lago Tana, dove si dà alla vita di eremita in una solitudine. Aumentando la fama della sua devota ascesi, vengono a lei donne e fanciulle dei paesi vicini; ed arriva un monaco, Isacco, che è costretto ad abbandonare il suo precedente eremo a causa di contestazioni sulla proprietà terriera con il capo della regione. Le donne e fanciulle sono ordinate monache, a loro volta, da Isacco; e la comunità femminile retta così da Krestos Samrā si sposta, insieme con una minore comunità maschile formatasi intorno ad Isacco, nell'isola di Guangut, dove col lavoro comune si costruisce un santuario dedicato a S. Michele, santuario che è il centro dei due conventi [22].

21 Cfr, ad esempio, *Orientalia,* XIX, 1950, p. 213.

22 Cfr le osservazioni di C. CONTI RÖSSINI, *L'agiografia etiopica,* cit. p. 408-409.

Un altro tratto molto umano degli Atti è l'accenno alla ritrosia della Santa al momento di decidere di passare dall'eremo alla vita in comune del monastero. L'agiografo la rappresenta mentre dice a S. Michele in una visione : « Come potrò, signor mio, custodire quelle vergini, essendo io una peccatrice? »; ed ancor più, in un'altra visione, a Mosè ed Elia : « È meglio per me morire che vivere con altri : Non crediate che io odii gli umani, ma con gli umani arriva il diavolo ». E gli Atti narrano come solo per virtù di obbedienza la Santa accettò la costituzione della comunità; essa che già aveva risposto, in visione, a Gesù stesso che preferiva dimorare sul lido e sul lago, anzi che in un oratorio imbiancato di calce.

***

La comunità monastica di Guangut ha sue norme, delle quali gli Atti citano soltanto alcune. Una visione risolve i dubbi della Santa fondatrice circa le oblazioni, che sono così lecitamente accettate [23]. La partecipazione obbligatoria delle monache ai lavori comuni del monastero ha un esempio nella loro cooperazione alla costruzione della chiesa di S. Michele di Guangut. In quel caso, il santuario essendo comune, gli ordini di lavoro vengono — negli Atti — impartiti da Isacco, capo del convento maschile. La coesistenza delle due comunità nell'isola, se pure si svolge — secondo l'agiografo — sotto l'egemonia spirituale della fondatrice Krestos Samrā, implica tuttavia il consueto patronato del capo della comunità maschile sul convento femminile. Ciò è adombrato già negli Atti di Zēnā Māryām per il monastero dell'Enfrāz [24]; si può pure seguire negli Statuti delle comunità dei pellegrini di Gerusalemme [25], anche se forse attenuato colà dalle particolari circostanze; lo si vede ancor oggi in Etiopia, ad esempio nelle regole del monastero scioano di Dabra Libānos. D'altronde, la costituzione delle comunità monastiche femminili in luoghi come l'isola di Guangut nel Lago Tana

23 Il santo Gabra Manfas Qeddus, fondatore del monastero scioano di Zequālā, appare a Krestos Samrā per deciderla all'accettazione delle oblazioni. Dal racconto degli Atti appare che Krestos Samrā vedeva un ostacolo all'accettazione delle oblazioni piuttosto nel voto di umiltà.

24 Cfr *Atti di Zēnā Māryām*, cit. p. 130.

25 *Etiopi in Palestina*, cit. vol. II, p. 368.

implicava necessariamente la contemporanea fondazione di un convento maschile, sia pure minore, tanto per l'officiatura della chiesa che per l'ordinazione delle monache e forse anche l'accettazione delle novizie [26].

Krestos Samrā, negli Atti, designa ella stessa la monaca che dovrà succederle come badessa di Guangut. Assai più tardi, nel secolo XVII, gli Atti di Walatta Pēṭros narrano come quella monaca pure designò prima di morire la sua discepola Eḫta Krestos a succederle come badessa; ma Walatta Pēṭros fa quella designazione ad espressa richiesta degli abbati delle comunità maschili collegate con le sue [27]. Sono questi i due soli casi che ho rintracciato nei documenti agiografici sin ora noti. Pertanto resta dubbio se per i monasteri femminili la designazione della badessa da parte della comunità stessa era la norma usuale, come è per le comunità monastiche maschili; oppure se la designazione del proprio successore fatta dalle due badesse Krestos Samrā e Walatta Pēṭros fosse soltanto un privilegio, che i loro rispettivi agiografi ritenevano dovuto alla fama di santità che le circondava.

***

Qualche altro passo degli Atti rappresenta, colti sul vivo e con chiara semplicità, alcuni aspetti della vita quotidiana della Santa nelle circostanze della sua epoca (secolo XV). Citerò tra questi passi tipici il gustoso episodio dei timori di Krestos Samrā alla notizia del prossimo arrivo, nella vicina isola di Tana, di uffiziali e soldati inviati a proteggere temporaneamente il santuario di S. Quirico. In una visione, Gesù appare alla Santa per calmarne le inquietudini, che l'agiografo spiega con i sensi di umiltà di Krestos Samrā. Ma questa, cui il Signore ha promesso di perdonare i peccati a quelli, anche soldati, che verranno rispettosi a Guangut, giunge a replicare:

26 Per questo punto, che negli Atti di Krestos Samrā non è sviluppato, cfr invece gli Atti citati di Zēnā Māryām (p. 142), che rappresentano l'abbate di Gugguebēn mentre ordina monaca Salām Zēnā ed accetta come novizia Ṣabala Māryām.

27 *Acta S. Walatta Pēṭros* ed C. Conti Rossini, (in *Corpus Script. Christ. Or.*; *Scriptores Aethiopici*, t. XXV), p. 109-110 del testo etiopico (la traduzione non è stata più pubblicata).

« Se tu, mio Signore, vuoi perdonare loro, perdonali nelle loro proprie case e nei loro propri paesi! », movimento pieno di naturalezza, che rivela in sincerità quel che pareva rappresentasse l'arrivo di una guarnigione di soldati presso una tranquilla ed isolata comunità monastica nel secolo XV.

Significativo è anche l'episodio di Mā'qaba Egzi'e. Questi, narra il nostro agiografo, era dedito alla magia; e nella stessa isola Tana, santificata dal famoso santuario di S. Quirico, si era pure dato alla sua arte ed aveva trovato, per istigazione demoniaca, un 'albero della vita' che gli dava il potere di allontanare l'Angelo della morte. Il mago pentito chiede l'intercessione di Krestos Samrā. Questa gli ottiene, in visione, il perdono dal Signore. Allora il mago si fa raschiare il corpo per togliersi l'effetto del magico unguento dell'albero di vita e subito muore, godendo così del perdono accordatogli. È un altro indizio della travagliata vita di queste comunità (Tana e Guangut) nella regione, dove ancora residui di paganesimo, nel secolo XV, ostinatamente sussistevano.

D'altra parte vanno segnalati tre racconti sull'Eucarestia. Nel primo, tre uomini sono portati, ancora vivi, nell'inferno per aver conversato tra loro subito dopo aver ricevuto l'Eucarestia e prima di essersi sciacquata la bocca (ciò che non si può ritualmente fare avanti il congedo alla conclusione della Messa [28]). La terribile punizione che l'Angelo del Signore impone così a quelli che avevano trasgredito il rispetto dovuto all'Eucarestia mettendosi a parlare prima che i residui eventuali delle Sacre Specie fossero consumati nella loro bocca ricorda da vicino le severe norme formulate dal negus Zare'a Yā'qob nel suo 'Libro della Custodia del Misterio' [29], norme ispirate allo scrupolo minuzioso del rispetto del rito eucaristico.

Il secondo racconto è quello del miracolo dell'Eucarestia vivente. Il diacono porta nel Sancta Sanctorum della chiesa il pane eucaristico per la consacrazione; il pane si trasforma nel Santo Bambino ed il cesto, nel quale il pane si trova, assume la figura della Vergine. Durante la consacrazione, all'epiclesi, lo Spirito Santo appare in

28 La norma sarà poi compresa nel *Fetḥa Nagast* ed. I. Guidi, Napoli, 1899, vol. I, p. 105 (testo), vol. II, p. 149 (trad.). Ma è noto che il *Fetḥa Nagast* fu accolto in Etiopia soltanto nel XVII secolo.

29 Cfr C. Conti Rossini, *Il libro di re Zar'a-Yā'qob sulla custodia del Mistero* in *Rassegna di Studi Etiopici*, III, 1943, p. 148-166.

forma di bianca colomba. Le specie eucaristiche così consacrate sono nella bocca di Krestos Samrā, che riceve il Sacramento, vera carne e vero sangue.

Tale visione sembra debba esser considerata in relazione con le eresie anti-Eucaristiche, che ebbero una loro diffusione in Etiopia nella seconda metà del secolo XIV e nel secolo XV : l'eresia del monaco Qozmos di Waynā[30] e quella di coloro che 'negavano il convito del monte Sion'[31]. Altri racconti di miracoli eucaristici entreranno nella letteratura etiopica, da fonte occidentale, nella grande raccolta del Libro dei Miracoli di Maria (mi riservo di studiarli a parte in un prossimo mio lavoro) ; ed è lecito anche dubitare se quei racconti non abbiano influenzato pure la narrazione della visione di Krestos Samrā qui fatta dal nostro agiografo, dato che il Libro dei Miracoli di Maria entrò in Etiopia[32] proprio alla fine del secolo XIV ed inizio del XV.

La visione dell'Eucarestia viva negli Atti di Krestos Samrā si chiude con il prodigio di un frammento del pane consacrato che vola ad intingersi nel vino del calice e di lì nel Sancta Sanctorum, mentre S. Michele spiega alla Santa che in ogni frammento, anche dunque nei residui, delle specie è la presenza reale del Signore. È un altro eco del rispetto rigoroso per le specie eucaristiche codificato con così dure sanzioni dal re Zare'a Yā'qob[33].

L'allusione all'eresia negatrice del 'convito sul monte Sion' sembra più chiara nel terzo racconto, nel quale Krestos Samrā, in visione, per ordine di Gesù riceve la Comunione tre volte, avendo il Corpo da S. Giovanni Battista ed il Sangue da S. Stefano protomartire; mentre il Signore le annunzia : « La quarta volta officierò io stesso per te sul monte Sion e ti farò comunicare del sacrificio della mia carne e del sangue del mio costato ».

Che queste circostanze storiche e storico-religiose concordino bene con le condizioni e gli avvenimenti dell'Etiopia del secolo XV abbia-

30 I. Wajnberg, *Das Leben des Hl. Jāfqerana 'Egzi'*, cit. p. 51-59; C. Conti Rossini, *L'agiografia etiopica*, cit. p. 419-420.

31 Cfr il mio *Libro etiopico dei Miracoli di Maria*, cit. p. 112-115; C. Conti Rossini, *Due capitoli del Libro del Mistero di Giyorgis da Saglā* in *Rassegna di Studi Etiopici*, VII, 1948, p. 18-19 e 50-53.

32 Cfr il *Libro etiopico dei Miracoli di Maria*, cit. p. 90-92.

33 Cfr il citato art. di C. Conti Rossini, *Il libro di Zar'a-Yā'qob sulla custodia del Mistero.*

mo già rilevato. E questa è nuova prova che il monaco Filippo, di Dabra Libānos, autore degli Atti di Krestos Samrā scriveva non molto dopo il fiorire della devota monaca da lui celebrata, entro il secolo XV. D'altronde a queste considerazioni storiche va aggiunta quella dello stile dell'opera, che, come era caratteristico uso del secolo XV etiopico [34], è preceduta da una lunga e rettoricamente elaborata introduzione in prosa rimata, dove l'autore fa largo sfoggio della sua abilità scolastica.

Per quanto concerne i due codici da me usati per questa edizione cfr quanto ho detto nella Introduzione al volume del testo. Basterà qui ricordare che :

A è la copia fatta per mio uso di un codice del monastero di S. Stefano di Ḥāyq;

B è il codice della Biblioteca Bodleiana di Oxford Aeth. e 4 (= Ullendorff 78) della prima metà del secolo XIX.

34 Cfr la mia *Storia della letteratura etiopica*, Milano, 1956, p. 84-85.

I. ATTI DI KRESTOS SAMRĀ

* In nome del Padre, del Figlio e dello Spirito Santo, Dio unico; * p. 1
Trino inconfondibile; la cui esistenza ab aeterno è inconoscibile ed i cui anni sono infiniti. Egli, che sospese il cielo come volta senza sostegno, elevando le acque, e lo distese come un cingolo [1]; pose la terra senza fondamenta nè fabbrica; còstrinse l'acqua nel ventre sottile della nuvola; raccolse l'acqua del mare e la collocò nei ricettacoli degli abissi profondi; apportò per l'invito della Sua parola [il mondo] dalla non esistenza [all'esistenza] con unica sentenza, senza che (esso mondo) lo volesse. Franse la grandine in chicchi perchè cadesse.

Mentre ad un tale Signore sinceramente inneggio e mi prosterno, narrerò la storia dell'agone di questa donna : la madre nostra Krestos Samrā, santa e beata, celebrata ed onorata, eccelsa, rivestita di purità come gli Angeli e portatrice di croce. Essa praticava il digiuno con grazia ed amore; e la mansuetudine e l'umiltà con la povertà; e le lagrime con sopportazione; ed il frenare la lingua dal pronunziare maldicenza e dal dire iniquità nè menzogna; e la lontananza dalle opere del mondo effimero che a morte conducono; e la purità della carne da impudicizia; ed il recesso negli eremi; e la purezza del cuore da pensiero peccaminoso; ed il ricordo continuo della morte : per unirsi all'inneggiare degli Angeli vigilanti ed essere involata da essi al trono della Divinità, essendosi immersa nel mare della pazienza; chè nè fame nè inopia si tollerano * senza pazienza. * p. 2

Perciò essa rivestì la tunica e la corazza pettorale della vittoria : perchè tu ascolti le prove dell'agone di questa donna, la madre nostra Krestos Samrā, sapiente ed umile, che umiliò sè stessa innanzi a tutte le creature. Perchè con la corda dell'umiltà è legato il consiglio della mente dei giusti, in quanto che senza umiltà non si può compiacere il Signore; come disse il Profeta

[1] *Ps.* CIII, 2.

Isaia : 'Così dice il Signore : A chi guarderò io se non al semplice ed umile, che teme la mia parola?' [1] Ed il Signore ancora disse : 'Imparate da me, che son semplice ed umile di cuore ed otterrete la pace delle anime.' [2]

Ancora essa (Krestos Samrā) ebbe purezza come gli Angeli e fece risplendere la gemma della sua purità più che sole, luna e stelle; come disse l'Apostolo : 'Purificate i vostri cuori e le vostre mani' [3]. Ed essa anche ottemperò la parola udita dalla bocca di Paolo, quando disse : 'Non sia alcuno tra voi che diventi impudico e contaminato' [4]. E colse dai fiori della profezia del beato Davide, che disse : 'Non desidero sacrifici nè offerte. Mantieni puro per me il tuo corpo.' [5]

Tutto ciò osservando, essa fuggì dalle delizie del mondo e dai suoi piaceri che conducono al peccato, per poter esser detta eletta ed onorata nel registro dell'Eccelso; come disse Salomone : 'Il patrimonio dell'uomo onorato ha esalato il balsamo del suo profumo in tutti i confini del mondo.' [6]

Abbiamo udito il ricordo della speranza del giusto mentre, ecco, esso fa correre il popolo e le genti, gli ufficiali ed i principi. Il profumo del suo balsamo, tuttavia, non ha mondato sin ora il gusto del (passato) fetore. (Invece) il balsamo di questa donna, la madre nostra Krestos Samrā, non è come l'unguento del sacerdozio di
* p. 3 Aronne, che era fatto di aromi, * di mirra e di fiori e cinnamomo; ma (è fatto invece) di aromi del Vangelo, e non di pianta. E vi descriverò qui appresso tutta la bellezza della virtù di lei, come fu al principio e come fu alla fine.

E dacchè noi supplicammo il Maestro degli ignoranti che ci aprisse la porta della parola, come disse l'Apostolo : 'Se c'è qualcuno che ha mancato di sapienza, supplichi il Signore che la dona' [7]; anche voi miei cari, popolo di Krestos Samrā, che siete denominati Nuovo Israele; voi che vi cibate del sacrificio dell'Agnello, il cui cadavere è immarcescibile, e bevete del sangue di vita che scorse dal Suo costato, pregate per me che Egli mi dia lingua e sapienza e che io sappia quel che dovrò dire; perchè io sono scarso di mente e sin ora non ho nemmeno sfiorato la storia dell'agone

1 *Is.*, LXV, 2. 2 *Matth.*, X, 29. 3 *Iacob.*, IV, 8. 4 Cfr *Hebr.*, XII, 16. 5 *Ps.* XXXIX, 7. 6 Passo che non ho potuto identificare. 7 *Iacob.*, I, 5.

di questa donna, la madre nostra Krestos Samrā [sì che] io possa parlare di lei. Chè il dirne è lunga cosa ed il suo segreto è aperta voragine. Pure vi narrerò, fidando nella possanza della vostra preghiera e nella possanza della preghiera di questa donna, la madre nostra Krestos Samrā, stella gloriosa del mattino che toglie la sua luce dalla luce delle sante stelle; aiutando il Padre l'inizio (del mio racconto) col darmi intelletto, rafforzandomi il Figlio con il suo incitamento, e perfezionando lo Spirito Santo la forza della (mia) parola con la sua benevolenza nella sua pace. Nei secoli dei secoli. Amen.

Ho scritto questo libro io, Filippo, figlio (spirituale) di Takla Hāymānot, del paese di Scioa, al tempo del nostro Re Dāwit II. Lo ho scritto mentre ella stessa me lo narrava. Così parlano i Santi quando è giunto il momento della loro morte. Come narrò il beato Gabra Krestos (la sua vita), così * essa mi ha narrato (la sua) [1]. * p. 4

Torniamo ora al nostro primo discorso. Comincerò ringraziando Dio Padre per Nostro Signore Gesù Cristo e per voi tutti, la cui fede è risaputa in tutti i confini della terra. Sia ringraziato Dio Padre del Nostro Signore e Dio e Salvatore, Gesù Cristo, che ci ha generato per la grandezza della Sua misericordia; e per la speranza, nella quale viviamo, per la resurrezione di Nostro Signore Gesù Cristo dai morti, di ottenere l'eredità (suprema), di ciò che non si consuma nè contamina nè marcisce : quel che è predisposto a noi ed a voi nei cieli, cui siamo riservati per la possanza di Dio.

O miei padri e fratelli, Cristo, Dio Nostro, vi faccia degni di ascoltare la Sua parola che dice : 'Quelli che osservano i miei comandamenti saranno con me dove io sono e vedranno la mia gloria e la gloria del Padre mio che è da prima che il mondo fosse creato.' [2]

Vieni a me, o Signor mio Gesù Cristo, pozzo di gloria ed intelligenza e conoscenza, sorgente di sapienza, guida dei ciechi, istruttore degli ignoranti! Manda a me lo Spirito di conoscenza che si agita nella mente dei savi! Fa parlare le mie labbra e la mia

1 Come S. Alessio (in etiopico : Gabra Krestos [= Cristodulo]) narrò la sua Vita scrivendola al suo ritorno nella casa dell'Imperatere suo padre; e la Vita fu poi trovata dopo la sua morte; così Krestos Samrā narrò le sue visioni alle sue compagne di ascesi. 2 Cfr *Ioh.*, XVII, 24.

lingua per operazione dello Spirito Santo, come facesti parlare i tuoi Santi Apostoli mentre erano riuniti nel cenacolo di Sion e Tu li facesti parlare nel linguaggio di tutti i paesi. Tu che facesti parlare a Balaam per bocca dell'asina [1] ed a Geremia per bocca della capra [2] e ad Eustachio per le corna del cervo [3], così tu parla su di me peccatore affinchè io narri e racconti la storia della madre nostra Krestos Samrā al popolo qui radunato. Quelli che ricevono il seme della Tua parola (sono) come buona terra che riceve il
* p. 5 seme; * falli dunque fruttificare trenta e novanta e cento per uno! Concedimi che io corra con la mia parola e con la Tua parola perchè si riuniscano gli ascoltatori del popolo al Tuo discorso, secondo quel che Tu dicesti nel Santo Vangelo : 'Ma il Paracleto, Spirito di verità, che il Padre manderà in mio nome, vi insegnerà e vi farà ricordare tutto ciò che vi abbiamo detto.' [4] E poi dicesti loro : 'E, venuto lo Spirito di verità, vi guiderà ad ogni verità.' [5] Perciò il mio cuore vuole e desidera narrare la storia di verità; ma il cuore mi duole e l'ignoranza ferma la mia parola. Però confido io nella Tua misericordia, perchè (è ben nota) la Tua bontà verso i Tuoi Santi che Tu dichiarasti per bocca del Tuo Profeta dicendo: 'E ti manderà aiuto dal Suo Tempio e da Sion. Ti avrà grato e si ricorderà per Te di ogni tua offerta ed irrorerà il Tuo sacrificio. Ti darà il Signore quel che tu hai in animo e compirà per te ogni tua preghiera.' [6] Poi ancora disse (Davide): 'Nun. [La Tua parola] è lucerna ai miei piedi e la Tua legge è lume alla mia via.' [7] Il Tuo amore vincerà la mia fiacchezza; per la preghiera dei Santi Padri rimuoverà la debolezza della mia anima; mi accorderà forza e condirà la fatuità della mia lingua col sale sapido del sacerdozio col quale furono conditi gli Apostoli, miei padri purissimi. Soffia su di me il Tuo Spirito Santo! ed eleva il mio discorso alla Tua gloria in quanto io possa avvicinarmi a Te per cominciare la magnificenza delle Tue lodi!

1 *Num.*, XXII, 28-35. 2 Allusione ad un prodigio, che non saprei identificare. 3 Allusione all'apparizione del cervo miracoloso a S. Eustachio, secondo il racconto del Sinassario etiopico s.d. 27 *maskaram.* Cfr E. A. WALLIS BUDGE, *The Book of the Saints of the Ethiopian Church*, Cambridge, 1928, vol. I, p. 92 (Le stesse tre allusioni ai prodigi per Balaam, Geremia e S. Eustachio si trovano negli *Atti di Na'akuĕto la-Ab*, ed. C. Conti Rossini in *Annali Istituto Orientale di Napoli*, II, 1943, p. 192). 4 *Ioh.*, XV, 26. 5 *Ioh.*, XVI, 13. 6 *Ps.* XIX, 3-5. 7 *Ps.* CXVIII, 105.

Ecco mi sono accostato a cominciare a dire e narrare la storia della Santa, temendo e tremando e dicendo all'anima mia : Come mai hai osato entrare in questo oceano delle lodi di quella donna, la madre nostra Krestos Samrā, colonna della fede, la cui luce risplende in tutti i confini della terra? Come la luce del sole vince la luce della luna e delle stelle, così la luce di quella donna, * la (* p. 6) madre nostra Krestos Samrā, vince la luce delle altre sante donne.

Perchè essa, essendo nobilissima, non mangiò il banchetto degli intingoli col sapore di questo mondo effimero che allieta la carne, da che ebbe preso l'abito degli Angeli cioè la legge del monacato. Essa fu molto amante dell'ascesi, come gli antichi Padri, monaci vittoriosi. E, come quelli amavano gli affanni e come quelli amavano le afflizioni, l'afflizione di loro tutti aderì alla carne di lei; come disse il Profeta : 'Come il cervo ama le fonti delle acque, così ama l'anima mia il Signore. L'anima mia ha sete del mio Dio vivente. Quando giungerò a vedere il volto del mio Dio? Siatemi alimento di giorno e di notte, o lagrime mie' [1]. In verità essa (Krestos Samrā) si alimentò del pane della povertà, con pianti e lamenti, a causa del regno dei cieli. E la madre nostra Krestos Samrā ebbe sete, e la sua bevanda fu con lagrime; come disse il Profeta : 'Ed ho bevuto la mia bevanda con le mie lagrime.' [2]

Come può un (essere umano) rivestito di carne annunziare le lodi di questa donna, la madre nostra Krestos Samrā? Perchè essa, pur nobilissima, portò così la povertà, così il dolore, così l'umiltà, mentre aveva schiavi e serve e potere su molte schiave, che il Signore le aveva messe agli ordini. Essa non possedeva schiavi secondo la legge degli schiavi nè schiave secondo la legge delle schiave. Anzi, gli schiavi li teneva come figli, come disse Paolo Apostolo, luminare della Chiesa : 'E liberi fate essi vostri familiari, affinchè conosciate che avete il Signore nei cieli.' [3] E le schiave le teneva come sue figliuole. E rinunziò ad ogni ricchezza terrena, oro ed argento che marciscono e si corrompono, ed alle vesti sottili * che si tarlano, sperando nel bene non appariscente : in quel (bene) (* p. 7) che non sono degni di ereditare gli amanti dell'oro e dell'argento i quali hanno compiuto il loro desiderio su questa terra; come disse l'Apostolo. 'Non amate il mondo per quel che non è nel

1 *Ps.* XLI, 2-4. 2 *Ps.* CI, 10. 3 Cfr *Phil.*, 16; *Eph.*, VI, 9.

mondo. Perchè ogni desiderio della carne è nel mondo ed i desideri degli occhi e le sollecitudini per la vita (terrena) non sono dal Signore, ma dal mondo. Ed il mondo passerà ed i desideri passeranno. E chi fa il piacere e la volontà di Dio vive in eterno'.[1]

Perciò la beata Krestos Samrā non gustò affatto le cupidità dei peccatori, sperando (invece) di mangiare al banchetto della vita (eterna); perchè essa aveva ascoltato la parola che fu detta per bocca del Profeta: 'Quelli che non mi servono mangiano; voi abbiate fame. Quelli che non mi servono si vestono, voi siate ignudi. Quelli che non mi servono gioiscono, voi siate afflitti.'[2] E perciò la beata Krestos Samrā provava il suo corpo con digiuni, preghiere e fame: perchè fosse (poi) satolla di cibo quando i mangiatori (terreni) avranno fame e perchè fosse (poi) sazia di bevanda quando i bevitori (terreni) avranno sete; e per esser ilare quando i ridenti (terreni) taceranno; e per esser gioiosa quando coloro che son dediti ai piaceri (terreni) si rattristeranno. Ma tutto ciò non si ottiene senza prove e dolori; però i dolori di questo mondo non sono misurabili con quelli del mondo che verrà. Perciò la madre nostra Krestos Samrā accettò dolori ed afflizioni e prove molte per la causa della verità; come disse il Dottore delle Genti: 'furono giusti nella fede ed ebbero pace presso il Signore'.[3] Per-
* p. 8 ciò la beata Krestos Samrā accettò le prove corporee * per poter esser potente sull'albero della Vita; come disse il Figlio del Tuono: 'Beati quelli che lavarono le loro vesti per avere potestà sull'albero della Vita.'[4] Ed Egli stesso poi disse: 'Ed a chi ha vinto darò la manna segreta e darò il Libro di Luce.'[5] In questo Libro è scritto il nome nuovo che nessuno può conoscere eccetto chi ha ricevuto la Carne ed il Sangue di Cristo; e questo è il pane divino, sul quale è scritto il nome della liberazione col sangue della Divinità. Questo è il cibo dei monaci e dei fedeli, sigillati col sigillo della Trinità, quando si cinge e si muove e ricompensa i suoi servi buoni ed i Santi benedetti, che portarono il peso e la fiamma giornaliera.

E per noi anche, che qui siamo, la madre nostra Krestos Samrā tolga per noi il dono di misericordia — Essa che è stata il vanto di noi tutti — perchè entriamo con lei nel suo eremo e ci ripariamo alla sua ombra e siamo ammessi nella casa dello sposo novello, nella

[1] 1 *Ioh.*, II, 15-17. [2] *Is.*, LXV, 13-14. [3] *Rom.*, V, 1. [4] *Apoc.*, XXII, 14. [5] *Apoc.*, II, 17.

quale non entra alcuno che non abbia indossato la veste nuziale e non sia adorno della luce della Trinità. Ed allora Krestos Samrā, madre nostra, ci dirà : Eccomi, figli miei. E ci farà stare con lei innanzi al volto dell'Agnello e ci coprirà con le cortine della sua preghiera, perchè non si accostino a noi le truppe tenebrose dell'inimico : quelle (truppe) che separeranno (nel giorno del Giudizio) i peccatori di mezzo ai giusti. Perchè quelli angeli dell'ira non si accostino a noi e non ci separino da lei, essa ci proteggerà abbracciandoci con la sua destra. La sua preghiera e benedizione permangano col suo servo nei secoli dei secoli. Amen.

* Ascoltate, o miei padri e fratelli, che cercate la benedizione della * p. 9 grazia della santa e giusta (Krestos Samrā) e che sentite l'amore della nostra madre Krestos Samrā, affinchè vi abbeveriate alla sorgente gustosa dei suoi Atti, che entra come acqua nelle viscere e come burro nelle ossa. Molte sono le lodi della madre nostra Krestos Samrā; aprite dunque l'orecchio della vostra mente. Ecco mi sono approssimato a cominciare a parlarvi, se la mia balbuziente lingua potrà narrarvi un poco dei molti prodigi di lei e non compiutamente. Vi narrerò quel che potrò : una parte di poche delle sue pene, perchè gioisca l'animo vostro nell'ascoltarle. Infatti la storia dei Santi rallegra i cuori e sazia più che mensa preparata ed impingua le ossa di unzione, come disse il Profeta : 'Ed il suo discorso è più molle che unguento.'[1] Ma voi conviene che la indossiate con fiducia come veste e velatevene come velo, onorandola come gli Angeli ed i Profeti e gli Apostoli e come i Santi ed i Martiri e come le vergini ed i monaci, perchè essa (Krestos Samrā) non è minore di loro. Nei secoli dei secoli. Amen.

In nome del Padre, del Figlio e dello Spirito Santo, Dio Unico.

C'era un paese, nello Scioa, luogo di nascita della madre di Krestos Samrā. E c'era in quel paese un uomo assai ricco in oro, argento e vesti sottili, in schiavi e schiave, cavalli e muli. Il suo nome era Dargoni[2]. Ed il nome della sua moglie era Elena, (donna) timorata di Dio, la cui fama era nota sino ai confini del mondo. Ed essi generarono questa * donna, la madre nostra Krestos Samrā, sapiente * p. 10 ed umile; e l'allevarono con ogni decoro, allietandosi della bellezza

1 *Ps.* LIV, 22. 2 Secondo il ms. di Oxford : « Darsagoni ».

di lei. Quando fu cresciuta ed adulta, la promisero ad un uomo, il cui nome era Samra Giyorgis, figlio del *qēsa ḥaḍē* Iyasus Mo'a, la cui prima discendenza era dalla stirpe di ʿEḍā Sergwā, familiare del Re. Egli era assai ricco dei beni di questo mondo effimero ed, ancora, di grazia dello Spirito Santo. Egli amò molto questa sua sposa, la madre nostra Krestos Samrā, quando vide la bellezza del volto di lei.

Era pieno su di lei lo Spirito di forza e di sapienza, Spirito di intelligenza e di consiglio. Tutta bella era essa; nè dai piedi (in su) aveva alcunchè di brutto. Il rossore delle sue guancie era come buccia di melograno; ed i suoi occhi come la stella del mattino. Le sue dita erano accostate; le sue labbra erano intingoli; le narici rialzate; la risposta della sua voce era dolce; l'eloquio della sua bocca era bello e la sua lingua acuta. La accompagnavano la grazia del Signore, l'ausilio di Nostro Signore Gesù Cristo e la possanza dello Spirito Santo Paracleto. Chiunque la vedeva si meravigliava e gioiva per la bellezza del suo aspetto. Il suocero di lei profetizzava dicendo : Questa è una grande donna; e l'onorava come sua signora.

Poi essa partorì a Samra Giyorgis suo marito nove figli maschi e due femmine. Li allevò ed insegnò loro la legge del Signore. Ed anche il Re la amava e la onorava e le diede schiave, di quelle della Corte, marchiate col marchio regale, affinchè la accompagnassero. Ed andavano, secondo la loro norma, 86 schiave a destra di lei ed 86 a sinistra, essendo in tutto 172. Il mulo di lei era di oltremare; il velo era della foggia che copre il volto[1]; e le vesti sottili come le vesti delle donne regali; ed oro ed argento molto; e sandali aurei.

Tutto questo onore le accordò il Re di Etiopia, unto del Signore,
* p. 11 * perchè fosse esaltato il nome di lei : molto la amava, come una sua figlia uscita dai suoi lombi. Tutto ciò era fatto a lei per volontà del Signore, suo Creatore.

Poi un giorno, mentre essa stava con suo marito nella camera ornata di oro e di argento, vide S. Michele che stava lì in piedi, tenendo in mano tre pani. Allora essa disse ai servi : Portatemi quei tre pani che io ne mangi, perchè la loro bianchezza invita

1 *mastakār*, qui usato nel testo, è per ora — per quanto io sappia — ἅπαξ λεγόμενον in etiopico; e certo corrisponde all'amarico odierno : *mastankaryā* o *maskantāryā* 'specie di velo portato dalle donne che copre il volto, senz'impedire la vista' (I. GUIDI, *Vocabolario Amarico*, Roma, 1901, c. 74 e 76).

i miei occhi. E (quelli) le portarono pani dalla mensa della casa. Essa disse loro : Questo non è quel che vi ho detto; ma ecco l'uomo che li tiene nelle mani : quelli portatemi da mangiare! Allora si guardarono tra loro dicendo : Che mai vuol dire la nostra signora? Non comprendiamo. Perchè l'Angelo non era visibile a loro, mentre pur stava loro innanzi. La beata si turbò; e quindi l'Angelo le diede un pane. Gli altri due pani non glieli diede. Essa mangiò quel pane ed il sapore soave di esso le allietò la carne. Ed a sera di quel giorno non mangiò nulla, perchè il gusto di quel pane le restava pieno nel ventre. Vedete dunque, o miei padri e fratelli, quale grazia le fu concessa; sino al punto che essa fu degna di ricevere il pane per mano dell'Angelo e perciò si assimigliò ad Isaia profeta che lo ricevette per mano del Serafino.

Tutta questa grazia le fu concessa, mentre stava con suo marito nell'ornata camera. Ed aveva schiavi e schiave. E la grazia del Signore stava sempre con essa, come disse Nostro Signore nel Libro * del Testamento : 'Non si allontana dai suoi servi e resta sempre * p. 12
con essi.'[1]

Ascoltate (ancora) quel che essa fece un giorno. C'era una schiava di cattiva condotta che sempre la infastidiva. Un giorno si adirò la madre nostra Krestos Samrā; e, preso con le mani un tizzone di fuoco, lo cacciò in gola a quella schiava. Il tizzone le entrò nella gola e subito quella morì. Vennero i servi della casa e portarono via il cadavere, che posero in una capanna. E la beata Krestos Samrā restò attonita, entrò nell'interno della casa, volse lo sguardo al cielo, dicendo : Ahimè! Eccomi d'ora innanzi diventata una omicida! Io, cristiana; io, moglie di un ecclesiastico! Che mi dirà la gente? e che dirò io all'anima mia? Perchè non sono più degna di comandare a donne; nè è possibile nascondere la mia follia. Indi fece un voto al Creatore, dicendo : 'Se Tu risusciterai la schiava che io ho uccisa, io lascerò la mia casa ed i miei figli e tutte le mie sostanze terrene; e servirò Te per tutto il tempo della mia vita nè devierò dalla traccia del Tuo cammino. Nè vestirò più vesti che adornino ovvero riscaldino il mio corpo; nè cibi nè sazietà al mio ventre. O Signore, Signor mio, ascolta per me la mia preghiera; e giunga innanzi a Te il mio lamento! Non volgere da me il Tuo

[1] Citazione che non ho potuto identificare dal 'Libro del Testamento' *(Maṣḥafa Kidān)* etiopico.

volto!' Così essa pregò per lunga ora in gran pianto, [sin che] si stancò e si addormì. Quindi vennero i suoi familiari, che le narrarono : 'Gioisci, o signora nostra. La tua schiava, che era morta, è resuscitata ed è viva.' Essa allora si levò gioiosa ed andò. E giunse
* p. 13 dove era quella schiava : la vide che era * viva ed aprì la bocca e ringraziò il Signore dicendo : 'Sia benedetto il Signore mio Dio che non ha rifiutato la mia preghiera e non ha allontanato da me la Sua clemenza.'[1] 'Perciò il mio cuore ha gioito e la mia lingua si è allietata.'[2] E disse : 'Che darò al Signore in cambio di tutto quello che Egli ha fatto per me? Ecco d'ora in poi darò il mio voto che ho pronunziato con la mia bocca al tempo della mia disgrazia.' Così essa leggeva i Salmi di Davide come aveva imparato; e gli inni di Yārēd ecclesiastico conosceva; e sapeva scrivere esemplari[3] e scriveva accuratamente e nei diversi colori; tanto che si meravigliavano di lei i sapienti. Era essa adorna di ogni sapienza e conoscenza; e coronata di grazia di Dio, Tutti quelli che la vedevano la amavano e la lodavano; ed innanzi a loro essa era più preziosa che oro o topazio.

Poi essa ricordò le parole che le erano uscite di bocca e si fece preparare vesti monacali : camice e cingolo, tunica e cappuccio. I servi e le serve le chiesero : O signora nostra, queste vesti monacali per chi le fai preparare? Rispose loro : Ho un maestro monaco; preparatele per lui! Così diceva loro perchè non comprendessero la sua intenzione e rispondeva loro queste parole di pretesto. Quindi, un giorno la madre nostra Krestos Samrā disse ai suoi schiavi : Portatemi per andare in chiesa! La presero e la portarono in chiesa. Poi disse loro : Ritornate alle vostre case. Io passerò il giorno sino a sera (in chiesa). Una serva e questo fanciullo mi bastano. Se ne andarono allora quei servi. Allora essa uscì (dalla chiesa) in fretta, andando a piedi. E recitava i Salmi di Davide, dicendo : 'Pronto è il mio cuore, o Signore; pronto è il mio cuore.
* p. 14 * Pronto è il mio cuore. Inneggerò e canterò.'[4] Ed ancora diceva : 'Dio mi illumina, mi salva; che cosa mi farà paura? Dio è il difensore della mia vita; che cosa mi spaventerà?'[5] E si lacerava la pelle del corpo sulle pietre della via e con le sue mani se la tagliava e la gettava sulla via, mente ne scorreva sangue. Quella

1 *Ps.* LXV, 20. 2 *Ps.* XV, 9. 3 *mazgab*, in senso tecnico, è l'esemplare scelto che serve poi alle copie negli scriptoria. Cfr I. GUIDI, *Vocabolario amarico* cit. c. 630. 4 *Ps.* LVI, 8. 5 *Ps.* XXVI, 1.

ragazza che la seguiva prendeva la pelle dei piedi che essa (Krestos Samrā) aveva gettato sulla via e la raccoglieva nella mano. Così, provata dal calore del sole, giunse al paese che aveva avuto in mente.

E quando fu prossima a Dabra Libānos, tirò fuori dal grembo un coltello e si tagliò e recise la chioma e, strappatesi le vesti, le divise e le diede ai poveri che trovò per via. Quindi indossò quelle vesti monacali che aveva prima fatto preparare. Vestì le sue vesti, si cinse il cingolo, si pose il cappuccio; ed arrivò (così) a Dabra Libānos nel convento delle monache. Queste la ricevettero con molto onore e la fecero entrare nella loro grotta. Ma non ammisero il fanciullo figlio di lei, perchè esse (monache) osservano la regola che nessun maschio può passar la notte nella loro casa. Gli negarono l'ammissione. Il fanciullo piangeva e si lamentava perchè era notte. Uscì allora una monaca e se lo portò in casa, pensando : È meglio che io sia punita per aver trasgredito la regola, che i nostri padri posero a pena di scomunica, anzi che questo fanciullo muoia per lo spavento notturno. Ma la pura Krestos Samrā non pianse nè protestò nemmeno per il frutto del suo ventre, che pur piangeva fuori nella notte; ciò faceva, ricordando essa la parola di Dio Creatore, che disse nel Santo Vangelo e cioè nella predicazione del Salvator Nostro. * Chi non abbandona suo padre, sua madre, la (* p. 15) sua casa ed i figli e non prende la croce della mia morte non è degno di me e non può unirsi con me.' [1] Perciò essa (Krestos Samrā) acquietò il suo cuore e si cinse la spada del Vangelo. La possanza della preghiera di lei ci sia scudo e riparo nel giorno del Giudizio e dell'esame. Nei secoli dei secoli. Amen.

'Allora quella notte' — essa disse — 'mentre io stavo in piedi, venne da me il Nostro Signore Gesù Cristo tenendo in mano una tavola sulla quale ero dipinto l'Antico dei Tempi [2] e me la appese al collo. E quando io vidi quell'immagine, molto l'anima mia si rallegrò. La sua scrittura era scrittura divina e la sua fattura era fattura divina. Qundo me l'ebbe data, ascese al cielo in grande gloria.'

Diceva pure la madre nostra Krestos Samrā : 'Il Vangelo ed il Pentateuco sono sempre sulla mia testa, di giorno e di notte.' Non credere, o uomo, che questo che essa diceva si riferisse ai libri scritti in carta ed inchiostro, ma alla (Rivelazione) scesa dal cielo che essa portava nella sua testa.

1 *Matth.*, x, 37-38. Cfr *Luc.*, xiv, 26. 2 Il Signore. Cfr *Dan.*, vii, 9.

Inoltre disse la madre nostra Krestos Samrā : 'Venne lo Spirito Santo e mi rapì in un carro e mi fece giungere alla Terra dei Viventi. Vidi colà molti prodigi. E mi diede un acino di uva; lo succhiai come la mammella di mia madre e non potei consumarlo. E gli altri prodigi che i miei occhi videro non li posso narrare singolarmente.'

Disse poi la madre nostra Krestos Samrā : 'Un giorno venne da
p. 16 me Nostro Signore Gesù Cristo, mentre io stavo al Lago * Tana ed erano dodici anni che non uscivo. E si rivolse a me dicendo : Prendi! Ti dò in premio molte anime, quante sono le goccie di una pioggia quotidiana di quattro mesi. Allora io gli risposi : Hai fatto molte generose azioni per me tua serva. Io ti supplico che all'uscita della mia anima (dal corpo) tu non mandi gli Angeli con l'ordine di portartela per forza. E quel Mare di Clemenza mi rispose : Non li manderò a portar via la tua anima, ma anzi manderò mia Madre che venga da te a ricevere l'anima tua. Veritiera è la parola che esce dalla mia bocca. E santificherò la tua carne come la carne di Maria, mia Madre; e santificherò il tuo sepolcro come il sepolcro di mia Madre. Ciò detto, ascese al cielo in grande gloria.'

Ancora disse la madre nostra Krestos Samrā : 'Un giorno, mentre stavo in chiesa, venne da me Nostro Signore Gesù Cristo con la Vergine sua Madre. Si rivolse a me e mi disse : Orsù, mia cara Krestos Samrā, mia Madre ti farà poppare alle sue mammelle come fece poppare me; e ti bacierà sulla bocca come baciò me; e ti terrà abbracciata sulle sue ginocchia come tenne abbracciato me. Ed allora gli disse la Vergine : Ascolta, Figlio mio! Essa ama S. Michele più di me. Quando udii questa frase, caddi faccia a terra a causa delle parole di Maria, mia Regina. Ma essa mi rialzò con le sue mani e mi disse : Non temere, Krestos Samrā, mia cara! Egli mi ha mandato ad aiutarti. Non addolorarti! Io farò per te quel che Egli mi ha detto. Avendo detto ciò, mi prese per mano e mi fece poppare
p. 17 alle sue mammelle e mi baciò sulla bocca. Allora Egli prese * con la mano un po'di sangue del suo costato e scrisse sulla mia fronte le parole : Santissima Trinità. Quindi ascese in gloria ai cieli.'

Inoltre disse Krestos Samrā : 'Un giorno venne da me un uomo chiamato Mā'qaba Egzi'e. Mi salutò e disse : Invoco la tua preghiera. Quando egli mi disse questo, io restai attonita per quel che egli mi aveva detto (e cioè) : Invoco la tua preghiera. Allora entrai in

chiesa e piansi amare lagrime per quell'uomo. In quel momento venne da me il mio Signore Gesù Cristo e, rivoltosi a me, disse : Perchè piangi, o Krestos Samrā, mia cara? Risposi : Piango io, tua serva, a causa di Māʿqaba Egziʾe affichè tu lo perdoni per me. Rispose : Non conviene usargli misericordia perchè ha trasgredito i miei comandamenti. Ascolta, te lo dirò. Vi è un albero detto « di vita » nell'isola Tana. Glielo ha mostrato un angelo delle tenebre; perchè egli (Māʿqaba Egziʾe) per sua troppa astuzia prendesse quell'albero e ne facesse intieramente un talismano per sfuggire all'Angelo della morte. In questa opera ha passato molto tempo. E perciò io non lo perdono. Quando (il Signore) mi ebbe detto ciò, molto mi meravigliai e caddi ai piedi di Nostro Signore. Ed audacemente gli dissi: Sei tu che hai creato l'« albero di vita ». Perchè lo punisci? Allora il Creatore dell'universo sorrise e mi disse : Te lo ho perdonato per amor tuo. Allora chiamai quell'uomo e gli dissi : Ti è stato rimesso ogni tuo peccato. Mi rispose : Se (il Signore) mi ha assolto da ogni peccato, tu porta un coltello e raschia quel che c'è sul mio corpo! Allora lo raschiai * dalla testa ai piedi. Quindi l'anima gli * p. 18
uscì dal corpo e fu iscritto tra i martiri.'

Ancora disse la madre nostra Krestos Samrā : 'Venne da me Nostro Signore Gesù Cristo e mi disse : O Krestos Samrā, mia cara, ti sia di protezione la lingua dell'infante Quirico che gli infedeli gli mozzarono. Gli risposi : Dove era, Signor mio? Mi disse : La ho messa per la mia potenza dove ho voluto perchè ti sia di protezione. Quindi mi disse : Orsù, l'infante Quirico sia con te al posto del tuo figlio : perchè tu hai abbandonato il tuo figliuolo nella solitudine, ma il tuo figlio sta con gli infanti (innocenti) uccisi da Erode. Quando Egli mi ebbe detto questo, molto mi rallegrai per il mio figliuolo.'

Poi disse la madre nostra Krestos Samrā : 'Un giorno venne da me Gesù Cristo mio Signore e con lui erano Michele, Gabriele e Raffaele e Maria, Sua Madre. Mi disse (il Signore) : Sin da principio ti avevo dato Michele come patrono; oggi ti accordo Gabriele e Raffaele che ti siano patroni. E Maria, mia Madre, ti sarà madre. Ed io ti sarò padre. Poi mi disse : Orsù, ricevi il mio corpo per mano di Giovanni Battista ed il mio sangue per mano di Stefano protodiacono. Così ebbi tre volte la Comunione per mano di quelli. Mi disse poi (il Signore) : La quarta volta officierò per te io stesso sul monte di Sion e ti farò comunicare del sacrificio della mia carne e del sangue del mio costato.'

Disse poi la madre nostra Krestos Samrā : 'Mentre ero nell'isola di Guangut, vidi il mio corpo consumarsi e struggersi e divenne come un ragno. Soltanto rimasero la pelle della mia carne ed i miei muscoli e le mie ossa. Quando levai gli occhi, vidi il mio Signore che stava dietro di me; e mi disse : O Krestos Samrā, mia cara,
* p. 19 * perchè guardi alla terra? Io ti dirò : A poce a poco, a pezzi se avessero tagliato il tuo corpo e poi raschiato le tue ossa, non varrebbe (questo supplizio) un sol giorno del dono che ti ho concesso. Ora dunque succhia le mie ascelle, affinchè sia per te una grazia. Mi fece succhiare le sue ascelle e molto mi saziai.'

Ancora disse la madre nostra Krestos Samrā : 'Un giorno, mentre stavo a mensa con i miei discepoli, portarono tre uomini accompagnandoli in fretta e li condussero allo Sceol, essendo pur essi ancora in vita. Allora io chiesi all'Angelo che stava con me : Perchè li portano via, mentre essi sono ancora in vita? Rispose : Ti dirò il loro peccato. Avendo essi ricevuto il Corpo di Nostro Signore, quelli conversano prima di aver sciacquato (la bocca). Così li portano allo Sceol ancora vivi. Quando mi disse ciò, mi meravigliai e piansi amare lagrime; e mi videro i miei discepoli e piansero con me nè sapevano di che si trattasse. Allora supplicai il Signore mio per quelle tre anime. Una la perdonò per me; le altre due le differì per me. All'indomani una donna mia discepola me ne domandò ed io le narrai tutto questo.'

Poi disse la madre nostra Krestos Samrā : 'Un giorno stavo sola nella mia dimora. Avevo in mano una Croce, sulla quale era rappresentato l'Antico dei tempi e Nostra Signora Maria con l'Emanuele suo Figlio e con Michele e Gabriele. Presi la testa della Croce e venne una voce dall'effigie che diceva : Non prendere la mia testa! Quando mi ebbe detto ciò, temetti e riposi la Croce. Ed il mio Signore mi disse : Non temere, Krestos Samrā, mia cara! Prendi
* p. 20 * pure la Croce! Non credere che io ti abbia vietato di prenderla, ma (l'ho fatto) perchè tu comprenda che io non sono lontano da te.'

In nome della Santissima Trinità, Signore del mondo. Cominciamo con l'aiuto di Dio la storia delle sante donne, come l'abbiamo udita. Il mercoledì ed il venerdì ed il sabato essa (Krestos Samrā) si asteneva dal parlare e prendeva come cibo soltanto la quarta parte di un piccolo pane; e (praticava) lo stare in piedi nel lago e molte (altre) innumerevoli fatiche.

Inoltre disse (Krestos Samrā): 'L'Angelo Michele rapì la mia anima e mi portò innanzi al mio Creatore; ed Egli mi diede in premio trentamila anime al giorno. Allora mi rivolsi a Lui dicendo: Vi sono molti che non credono. Quando si legge la storia dell'agone dei Santi, quei (miscredenti) dicono: È falso. A quelli che così credono Tu perdonerai oppure no? Mi rispose: Quelli che credono con cuore saldo senza dubbiosità entreranno nel Regno dei Cieli; e quelli che non credono, la loro parte sarà quella di Ario e Sabellio. Ed io avevo visto molti uomini esser puniti. Gli chiesi: Chi sono costoro? Rispose: Sono quelli che adorano gli idoli. Poi gli chiesi: Chi sono costoro che quelli macellano? (Rispose:) Sono quelli che adoravano prima i demoni.

Poi mi portò (S. Michele) dove era il mio corpo. Quando la mia anima vide il mio corpo, lo ebbe a schifo e si allontanò da esso per il troppo puzzo. Parve (quel mio corpo) all'anima mia come la carogna di un asino. Disse S. Michele all'anima mia: Entra nel tuo corpo! Allora l'anima mia lo scongiurò in nome di Dio di non farla entrare in quel (corpo) che era putrido. Le rispose (S. Michele): Trasgrediresti la parola di Dio? Non posso (farlo). Ciò dicendo la prese per mano * e la fece entrare nella bocca del mio * p. 21 corpo, come chi introduce un coltello nella sua guaina. Allora il mio corpo si ingrossò e si mosse e diventò vivo per volontà del Signore.'

E volle andare nel paese di Lālibalā. Digiunò, pregò e fece preghiere sino a tre quarantine [1] nè si lavò i piedi. Giunse al paese di Roḥā e venerò il sepolcro del santo Lālibalā. Questi le disse: Salute a te, Krestos Samrā; meravigliosa è la tua venuta, fiore di giglio delle convalli, che arrivi da lontana via. Ciò dicendo, (Lālibalā) scrisse il nome di lei con caratteri d'oro. E di ciò furono testimoni molti santi che affermarono: Abbiamo udito con le nostre orecchie e visto coi nostri occhi il santo Lālibalā mentre parlava.

Dopo ciò, Krestos Samrā tornò alla sua dimora. Le disse una (monaca): Lavati i piedi che hai fatto tribolare pel cammino sulla via! Ma quella rispose loro: Io debbo essere in lutto per ordine ecclesiastico

[1] Questo passo non mi è chiaro. Sembra voglia dire che la santa digiunò sino al triplo del digiuno quaresimale di quaranta giorni.

per quaranta giorni. Ciò faceva essa in onore del terreno del santuario di Lālibalā. Dopo i quaranta giorni le diedero una cipolla da mangiare al momento della cena serale. E lei disse : Dopo aver mangiato, piansi in chiesa. E, mentre veneravo l'effigie di Nostra Signora Maria, (la Vergine), avanzò la sua mano la Madre della Luce e me la pose in fronte : Sento il cattivo odore della cipolla! — essa diceva — torna indietro! Ed io, udito questo, caddi sulla mia faccia per le parole di Maria, mia Regina; ma essa mi sollevò con la sua mano. E mi disse : Non temere, Krestos Samrā, mia cara, nè spaventarti; soltanto non entrare in chiesa dopo che hai mangiato cipolla. Non ho io forse a noia il puzzo della cipolla?'

* p. 22 E questo essa (Krestos Samrā) anche disse (a sua volta) * ad un diacono: Tu, figlio mio, non entrare in chiesa dopo che hai mangiato cipolla. Quello lo ebbe a burla ed uscì in fretta e raccontò alla gente : Krestos Samrā dice di non entrare in chiesa dopo che avete mangiato cipolla. E ciò dopo che egli ebbe raccontato, essendone testimone, disse : Sono entrato in chiesa dopo aver mangiato cipolla; e mi ha preso una grande malattia. E l'Angelo del Signore mi ha detto : Perchè hai avuto a burla tua madre Krestos Samrā parlando delle sue virtù? Ciò dicendo, (l'Angelo) mi ha strappato la pelle del corpo e mi ha fatto come Tommaso [1]. Poi mi ha detto : Va e racconta che così ti ha fatto Krestos Samrā perchè tu hai trasgredito gli ordini di lei. E sono stato molti anni a narrare ciò sino al giorno della mia morte.

Ancora, ascoltate le virtù della madre nostra Krestos Samrā! Essa disse : 'Mi ero votata a non mangiare pesce. Poi una volta mi venne l'idea di mangiare pesce il giorno di Pasqua. Me lo portarono e lo spezzarono sul trespolo [2]. Venne una voce dall'Eccelso e mi disse : Krestos Samrā, mia cara, mangerai tu il pesce pel quale avevi prima fatto il voto? Quando mi ebbe detto ciò, lo lasciai e non lo mangiai.' Vedete dunque, o miei padri e fratelli, quale grazia : la ammonì l'Angelo del Signore con le sue parole; come un padre ammonisce il figlio, così la ammonì di non tralasciare il suo voto, caro al Signore benevolo agli uomini. La preghiera e benedizione di lei permangano con noi. Amen.

[1] Allusione al martirio di S. Tommaso Apostolo, per il quale cfr E. A. WALLIS BUDGE, *The Book of the Saints of the Ethiopian Church*, Cambridge, 1928, p. 934. [2] *Waltam*, voce non altrove nota in etiopico, è ora usata in tigrino. Cfr F. M. DA BASSANO, *Vocabolario Tigray*, Roma, 1918, c. 635.

* Disse ancora la madre nostra Krestos Samrā : 'Il Signore mi donò * p. 23 una chiesa piena di grano. Io dissi : Che ne farò di tutto questo grano? Non desidero averlo perchè non ho, io tua serva, un ripostiglio nè mi sono state date ricchezze su questa terra effimera. Mi rispose S. Michele Arcangelo : Non credere, o Krestos Samrā, che questo sia grano da mangiare; ma sono invece anime umane che il Signore ti ha concesso in premio.' Ciò essa diceva senza falsità. Che la sua preghiera ci salvi! Nei secoli dei secoli. Amen.

'Un giorno avevo preso una noce, l'avevo mangiata e me ne ero dimenticata. Poi la cercai e non la trovai. Stavo per adirarmi con i miei discepoli. Ma mi venne una buona idea e dissi : Chi me l'ha tolta, o Signore mio? Mi rispose (il Signore) : L'hai mangiata tu!' Vedete dunque, o miei padri e fratelli, come essa era in confidenza col suo Creatore.

'Ed un giorno venne da me un uomo, mi salutò e mi disse : Chiedo protezione alla tua preghiera. Io mi spaventai che egli mi avesse detto di chieder protezione alla mia preghiera. Entrai in chiesa e piansi lagrime amare. Venne allora a me il mio Signore Gesù Cristo e mi chiese : Perchè piangi, Krestos Samrā, mia cara? Gli risposi : Non posso prosternarmi, non vesto cilicio nè sono abituata alle flagellazioni. Sono stata Tua serva negligente, come tu mi hai creato, o mio Dio. Egli mi disse : Krestos Samrā, mia cara, non si spaventi più così il tuo cuore. Quelli cui io non voglio usare misericordia non verranno da te nè sentiranno il racconto del tuo agone. * E quelli che verranno da te, io darò loro la speranza nei * p. 24 cieli. Tu anche dà loro la speranza e conforta il lamento dei loro cuori, come ti avrà rivelato lo Spirito del Padre mio. La mia parola è veritiera nè si smentisce quel che esce dalla mia bocca.'

Ancora ascoltate quel che (il Signore) fece per la Sua diletta Krestos Samrā. Essa raccontò : 'Venne a me Nostro Signore Gesù Cristo e mi disse : Succhia la piaga del mio costato che mi hanno inferto i Giudei per mia volontà e per beneplacito del Padre mio. Allora la succhiai; come un infante succhia la mammella di sua madre, così io succhiai la piaga del costato del mio Signore. Ed il mio Signore mi disse : Tomaso toccò la piaga del mio costato. Or dunque giudica tu : È maggior cosa il toccare od il succhiare? Quando Egli mi ebbe chiesto ciò, tacqui. Ed Egli insistette : Su, parla! Ed io risposi : Sì, il succhiare è maggior cosa.

Poi egli mi disse : Orsù, o Krestos Samrā, mia cara, prendi la circoncisione del mio corpo, che io ricevetti da Maria mia Madre. E ciò dicendo, mi impose le mani sul capo ed allora una luce mi coprì intieramente. Quando (così) mi videro molti Angeli, Santi e Martiri e Vergini e Monaci, si meravigliarono e restarono attoniti e ritennero ciò prodigioso. Mi invidiarono l'onore che Egli mi aveva concesso. Ed il mio Signore mi disse : Ti invidiano l'onore che io ti ho concesso. Dissero allora tutti i Santi ad una voce : Gloria al Re della gloria ed al Signore dei dominanti [1]. Quando poi ciò vide il nemico del bene e cioè Satana, disse : Dono, dono, dono alla Tua gloria. Tale magnificenza di grazia Tu concedi a quelli che ti amano ed a quelli che fanno la Tua volontà. Ma questa donna ha ottenuto eccellenza ed altezza più che altre donne, che hanno ricevuto gloria ed onore per il loro agone e per la loro rinunzia al mondo effimero. Non ho trovato una donna simile a questa tra quante furono prima
* p. 25 di essa * e quante verranno dopo.' Quando io ebbi udito come la glorificava il diavolo che non glorificò il suo Dio, il cuore mi si accese per l'amore di lei.

Inoltre la madre nostra Krestos Samrā [disse] : 'Il mio Signore Gesù Cristo mi concesse una veste purissima, simile alla tunica inconsutile, come dice Giovanni, l'Evangelista, la cui testimonianza è veritiera, dall'alto tessuta per intiero [2]. I Giudei, che interamente spogliarono, quando lo crocifissero, il Figlio del Dio Vivente, dicevano : Non la taglieremo nè strapperemo, ma piuttosto la tireremo a sorte [3]. Chi l'ottiene l'ottenga! Questa (tunica) Egli concesse alla Sua serva peccatrice, mentre io certo non ne sono degna, ma per la Sua molta clemenza.' Questa è la terza grazia di cui Egli adornò la Sua sposa — a Lui sia lode ed al Padre ed allo Spirito Santo.

Disse poi la madre nostra Krestos Samrā : 'Un giorno, avendo inteso che alcuni ufficiali avevano avuto ordine dal Re di venire a proteggere il santuario di S. Quirico del Tana, molto mi afflissi e me ne turbai. Dissi a me stessa : Che farai? Dove fuggirai quando si riuniranno presso di te gli ufficiali del paese e ti diranno : Noi ti invochiamo! mentre tu sei invece negligente. Così dicendo, io piangevo e mi lamentavo. Allora venne a me Gesù Cristo mio Signore e mi disse : Hai forse dimenticato le parole che prima io

[1] Cfr *Apoc.*, XVII, 14 (e XIX, 16). [2] *Ioh.*, XIX, 23. [3] *Ioh.*, XIX, 24.

ti dissi e tutto quello di cui ti ho parlato? Quelli che io non voglio perdonare non verranno da te e non ascolteranno la storia del tuo agone. Perchè dunque tu disprezzi le mie creature che io ho formato a mia immagine, quando esse (creature) sono venute (qui) dove sono io, loro Sovrano? Allora io gli risposi : Se tu, mio Signore, vuoi perdonare loro, perdona loro nelle loro proprie case e nei loro propri paesi! Ed Egli mi replicò : Li perdonerò nelle loro proprie case e nei loro propri paesi. Io ho potestà su ogni * creatura. Non * p. 26 forse è perciò che tu sarai esaltata ed il tuo ricordo sarà udito in tutti i confini della terra? Perchè io molto ti prediligo e ti ho scelta come mia diletta. Questa è la mia parola veritiera nè si smentisce quel che esce dalla mia bocca. Io ti dico in verità : Chiunque non ti ama avendo udito il racconto del tuo agone con saldo cuore, non vedrà il mio volto.'

'Un giorno vidi una lunga, meravigliosa colonna, sulla quale erano effigiate le anime di santi uomini. Allora Nostro Signore ascese, incedendo su di essa (colonna). Io anche ascesi seguendolo. Quando mi vide salire, disse un uomo che stava sotto la colonna : È grande la gloria di questa donna che sale incedendo sulle anime degli uomini. Io chiesi al mio Signore : Chi è costui che mi parla? Mi rispose : È il tuo padre (spirituale), Takla Hāymānot. Quando Egli mi ebbe detto ciò, molto mi allietai. Mi rivolsi ancora a Lui e chiesi : Parlami, mio Signore, della gloria del mio padre (spirituale) Takla Hāymānot. Mi rispose : Non ti parlerò della gloria di Takla Hāymānot. Non è possibile parlare con alcun mortale della gloria di Takla Hāymānot. Non c'è alcuno nel regno dei cieli che sia maggiore del mio diletto Takla Hāymānot.'

'Un giorno vidi una visione meravigliosa e prodigiosa. Due persone stavano in una direzione e due altre persone stavano in un'altra direzione. Quindi vidi tre persone che stavano in una (terza) direzione; ed un uomo che stava su di un altro lato. E quelle persone, che stavano a due a due ed a tre a tre, * piangevano * p. 27 amaramente; e quell'uomo che stava a lato di loro si rallegrava e rideva. Io interrogai l'Angelo, e cioè Michele, che era con me. Gli dissi : Dimmi, signor mio, che fanno quegli uomini che stanno a due a due ed a tre a tre e piangono amaramente e quell'uomo che sta a lato di loro e si rallegra e ride? Perchè quelli piangono e quello ride? Mi rispose l'Arcangelo Michele : Va ed interroga

quell'uomo che sta da solo! Allora andai da quell'uomo e lo interrogai : Dimmi perchè tu solo ridi e quelli piangono! Quando gli dissi queste parole, quello si adirò contro di me. Mi fece paura per la sua collera e tornai dall'Angelo che mi aveva mandato. Gli dissi : Mi ha spaventato per la sua collera. Rispose : Torna, domandagli e ti parlerà. Andai quindi da quell'uomo e lo interrogai : Dimmi perchè tu solo ridi! perchè non ti lascerò senza che tu me lo abbia spiegato. Quando gli ebbi detto ciò, egli si adirò molto, come prima. Poi mi rispose : Non già sei tu che insisti nell'interrogarmi; ma io vedo l'Arcangelo Michele che prima mi gettò giù dal mio trono ed ora anche mi è nemico. Ciò detto, mi spiegò così : Quei due che stanno in un lato sono Adamo ed Eva; quei due che stanno nell'altro lato sono Antonio e Macario. Quei tre che stanno (insieme) sono Abramo, Isacco e Giacobbe. Piangono per i loro figli che io ho ingannato. Così staranno (a dolersi) sino alla fine del mondo: Adamo ed Eva per gli uomini del mondo; Antonio e Macario per i monaci; Abramo, Isacco e Giacobbe per i re. Quando mi ebbe detto ciò, fui meravigliata ed attonita. Tornai dall'Angelo che mi aveva mandato e gli narrai quel che mi aveva detto e chiaramente spiega-
* p. 28 to. L'Arcangelo Michele mi disse : Che te ne * pare, o Krestos Samrā, mia cara? Hai compreso l'insidia di Satana? Risposi : Si, ho compreso; ma così spiegassero ai figli di Adamo di fare la volontà di Dio e stare in penitenza! Mi rispose (Michele) : Vi sono i Libri ed i Dottori a spiegarglielo, ma essi non ascoltano; come disse l'Apostolo Paolo : 'Vi sono quelli che si santificano ascoltando i Libri, ed ancora operando.'[1]

'Poi nuovamente vidi un uomo che faceva peccato ed ancora vidi un'altra visione : un uomo che faceva il bene. Quando quell'uomo di prima (il diavolo) vide l'uomo che faceva il bene, si rallegrò in cuor suo e molto si allietava. Ma, quando egli (il diavolo) vide l'uomo che faceva peccato, si addolorò e pianse e si lamentò. Una volta volgeva la faccia verso quello che faceva il bene e rideva e gioiva; quando lo vedeva prosternarsi e digiunare e fare elemosine. Un'altra volta volgeva la faccia verso quello che faceva molti peccati e si addolorava e gemeva. Avendo osservato ciò, chiesi all'Angelo che era con me : Dimmi, signor mio, perchè egli si rallegra per il bene che fa l'uomo che è innanzi a me? E perchè egli si

[1] Cfr *Gal.*, III, 11-12.

rattrista per i peccati che commette l'(altro)uomo che è innanzi a me? Perchè io ho capito che egli è ben il demonio che ama [il peccato] ed odia il bene. Mi rispose (l'Angelo) : Va e domandaglielo come hai fatto prima e te lo spiegherà. Allora andai da quell'uomo e gli chiesi : Perchè ti rallegri per il bene che fa l'uomo che è innanzi a me e perchè ti rattristi per i peccati che commette l'(altro)uomo che è innanzi a me? Perchè io so che tu sei il diavolo. Quando ebbi detto ciò, egli si adirò contro di me * e mi fece paura * p. 29 per la sua collera; e ruggiva come un leone e voleva divorarmi. E mi rispose : Come mai hai compreso quel che faccio? Risposi : (L'ho capito) per quel che tu fai. Mi chiese : Che faccio? Risposi : Induci in errore gli uomini. Mi disse : Hai parlato bene. E, ciò dicendo, mi spiegò : Quell'uomo che tu vedi che fa il bene, ben presto io lo sedurrò e commetterà peccati. Mentre sarà in peccato. verrà a lui la morte ed egli sarà nella mia quota. Quell'uomo invece che tu vedi commettere peccato, presto si pentirà e si volgerà al bene. Non sarà nella mia quota; e perciò mi ingelosisco e si accende il mio cuore come fuoco, perchè io desidero che tutti gli uomini siano nella mia quota. Avendomi egli detto ciò, io tornai dall'Angelo e gli riferii tutto questo.'

O madre nostra Krestos Samrā, quanto è bella la storia delle tue virtù! Ascoltarla ci fa stupire. Coprici con l'ombra delle tue ali! Proteggici dal terrore dell'inimico : noi tutti che qui siamo venuti, da lontano e da vicino, ad ascoltare la storia del tuo agone. La tua preghiera e supplica siano con noi! Amen.

'Un giorno, mentre stavo nel paese di Nārgā, che è vicino a Mabdarā, a piangere sui miei peccati, venne a me Gesù Cristo mio Signore e mi disse : Salute a te, Krestos Samrā, mia cara. Desidereresti dimorare in un luogo dove si fanno preghiere e si leggono i Libri e si celebrano sacrifici, ma dove io non sono, oppure desidereresti dimorare in un luogo deserto ed in una dimora estranea, ma dove io sono? Su, scegli tu stessa e chiariscimi * la preferenza del * p. 30 tuo cuore. Allora io gli risposi : Signor mio, (preferisco) dove tu sei, e non in una casa; ma anzi io preferirei dimorare sul lido e sul lago tutti i giorni della mia vita (piuttosto che dove tu non sei).

Allora venne a me un monaco spirituale e mi disse : Come stai, prediletta da Dio, Krestos Samrā? Gli chiesi : Tu chi sei cui io parlo? Mi rispose : Il mio nome è Gabra Manfas Qeddus. Quando mi ebbe detto ciò, molto mi rallegrai perchè assai lo avevo amato. Allora lo abbracciai ed egli mi abbracciò. Quindi gli dissi : Perchè sei venuto? Mi rispose : Sono venuto a darti una buona notizia. Dissi : Su, dimmela, mio caro! Rispose : Perchè tu rifiuti di ricevere oblazioni? Perchè il ricevere oblazioni non è di molti, ma di pochi; di quelli che come te sono stati prescelti sin dal ventre della loro madre. Chè grande è il tuo favore. Dunque non rifiutare più così! Ciò detto, sparì da me.' La preghiera e benedizione di lei sia con noi tutti ascoltatori nei secoli dei secoli. Amen.

'Allora venne a me S. Michele Arcangelo il giorno della sua festa, il 12 del mese di *naḥasē*; e mi riferì tutto ciò che il Signore gli aveva commesso di dire. Mi disse : Prendi questo grano che riempie la chiesa! Risposi : Che ne farò di tutto questo grano? Non ho magazzini, io tua serva; nè mi sono state date richezze mondane, o mio signore. Allora si adirò con me e disse : Non credere, o Krestos Samrā, che questo sia grano; di quel che si semina nei campi e germoglia per alimentare gli uomini; invece sono anime umane.
* p. 31 Come disse Nostro Signore nel Vangelo : 'In verità, * in verità vi dico : se il grano di frumento non cadde in terra buona e non morì, solo rimarrà. Ma se morì, farà molti frutti. Chi ama la sua anima la abbandoni per me. E chi ha abbandonato la sua anima e l'ha odiata in questo mondo, la custodirà nella vita eterna.'[1] Da tutta questa parabola apprendi tu e comprendi come queste siano anime umane. Alcune volte le anime umane somigliano a grani di frumento. Altre volte somigliano a pesci marini. Ciò detto, mi mostrò pesci marini, ammalati e piagati. Molto l'anima mia li ebbe a schifo e si allontanò da essi per il loro troppo puzzo. Mi disse S. Michele Arcangelo : Perchè ti credi colpevole quando non lo sei? Non pensare, o Krestos Samrā, che questi siano pesci marini : di quelli che nascono nel mare; invece sono anime umane, che si sono ammalate della peste del peccato. Non hai tu forse sentito quel che dice il Signore nel Vangelo di Matteo[2] : 'Il regno dei cieli somiglia ad una rete da pesca che è stata gettata nel mare ed ha riunito ogni sorta di pesci. Quando si è riempita, l'hanno tirata a riva. Ed essendo pari, scelsero i buoni e li riposero nel loro canestro; ed i cattivi li gettarono via. Così sarà alla fine del mondo. Verranno gli Angeli e separeranno i peccatori dai giusti e li metteranno nel fuoco e

1 *Ioh.*, XII, 24-25. 2 *Matth.*, XIII, 47-49.

stridor di denti in eterno.' Disse Nostro Signore Gesù Cristo ai suoi discepoli : Avete compreso tutto ciò? Risposero : Sì, Signore! Perciò dunque io ti dico che queste sono anime umane ammalate della peste del peccato. Ascolta * quel che ancora ti dico : La rete * p. 32 significa te. I pesci sono i tuoi figliuoli nati dallo Spirito Santo nell'ascoltare il tuo agone e nel confidare nella tua preghiera. Avendomi egli detto ciò, molto mi rallegrai.

Poi vidi l'immagine di vitelli bianchi sazi di latte e molto allegri; e la mia anima assai li amò. Allora chiesi all'Angelo che stava con me : Chi sono questi che somigliano a vitelli bianchi? Mi rispose : Quelli che somigliano a vitelli bianchi non sono vitelli bianchi, ma sono bambini, che gioiscono ogni giorno con l'infante Quirico. E lì tu avrai una parte di comando insieme con l'infante Quirico, vincitore di Satana. Quando ebbe detto ciò, molto mi rallegrai. Poi vidi alcune api bianche; e S. Michele Arcangelo mi disse : Questi sono i tuoi figli che ti sono nati per la fiducia nella tua preghiera. Quando ciò mi disse, mi meravigliai e stupii e mi rallegrai.

Quindi, vidi paesi bianchi ed estesi, il cui splendore era più luminoso sette volte che il sole e la luna. Ed ancora in essi un paese pieno intieramente di alberi ed in esso un ulivo, i cui frutti erano grati agli occhi. Ed in un paese pieno intieramente di cedri, i cui frutti erano piacevoli alla vista. Ed un altro paese era pieno di alberi di noci, i cui frutti facevano delirare. Ed in un paese scorreva un fiume di bianco latte; ed in un altro paese scorreva un fiume di puro burro. Ed in un altro paese * scorreva un fiume di * p. 33 dolce miele. Mi disse Michele Arcangelo : Questo è il tuo paese : perchè in esso tu ti rallegri con tutti i tuoi figli che oggi hai ricevuto in dono di clemenza.' Beatitudine a te, o Krestos Samrā, vigna bellissima piena di uva benedetta : la tua bevanda è bevanda di vita. Come sole di aprile illumina la bellezza del tuo splendore. Scrigno dello Spirito sei tu; le parole del Vangelo sono la tua aspirazione. Proteggi me tuo servo!

Disse inoltre la madre nostra Krestos Samrā : 'Un giorno stavo nell'isola di Guangut a piangere sui miei peccati; e mi apparve un trono luminoso, che splendeva, simile al Trono Suo ed era cosa meravigliosa e prodigiosa. Mi disse il mio Signore e Dio : Guarda, o Krestos Samrā, mia cara, sotto la terra le mie creature. Guardai sotto e vidi i dodici venti; dei quali quattro sono venti

di clemenza ed otto sono venti di collera. Al di sopra dei dodici venti sono sette terre ed i sette mari. Ed al di sopra delle sette terre sono i sette cieli. Ed al di sopra dei sette cieli è costruito quel Trono in pietra di puro zaffiro. Lo portano i Quattro Animali. E sui quattro angoli del Trono stanno i ventiquattro ecclesiastici del cielo : ne vidi sei ad Oriente, sei ad Occidente, sei a Settentrione e sei a Mezzogiorno. Nelle loro mani avevano un incensiere di oro ed incensavano sempre senza interruzione dicendo : Alleluja al Padre, alleluja al Figlio, alleluja allo Spirito Santo, la cui natura è unica. Io mi aggiunsi ad essi e glorificai il Creatore di tutto il mondo,
* p. 34 dicendo : Gloria al Padre, * gloria al Figlio, gloria allo Spirito Santo! come disse Paolo Apostolo : 'Non c'è maschio nè femmina : tutti sono pari presso Gesù Cristo.'[1] Allora spuntarono sul mio corpo sei ali; tre a destra e tre a sinistra. Quando stesi la minore delle mie ali, essa giunse sino all'isola di Dāgā; e le mie ali maggiori non seppi dove mai giungessero. Pensai allora tra me : Dove mi porteranno queste ali? Mentre così pensavo, si rivolse a me Gesù Cristo mio Signore e mi disse : Che pensi, Krestos Samrā, mia cara? Risposi : La Tua serva pensa a dove la porteranno queste ali. Mi disse allora : Se lo volessi, per la mia potenza ti farei giungere con due (sole) di esse (ali) da confine a confine (del mondo) ; ma per farti onore ti ho posto sei ali, come i Quattro Animali del mio Trono. E queste ali sono piene di occhi, il cui numero è mille. In esse è l'effigie dei Cherubini. E quando uno di essi apre gli occhi, illumina il mondo intiero, come il sole.'

Vedete dunque, miei padri e fratelli, di quale grazia Egli la adornò con le ali della gloria, come i Quattro Animali del Trono. Sparga su di noi il torrente della Sua misericordia il Dio di Sabaot. Questa donna si assimigliò a Mosè, il duce del Pentateuco, perchè parlava faccia a faccia col suo Creatore, il Signore delle Potenze. Celebriamo il suo anniversario in questo giorno perchè essa (Krestos Samrā) ci salvi dalla seconda morte : noi che siamo qui venuti per salvarci per fiducia nella sua preghiera. Nei secoli dei secoli. Amen.

Poi disse la madre nostra Krestos Samrā : 'Un giorno entrai in
* p. 35 chiesa per ricevere l'Eucarestia in occasione della festa del * Redentore il (giorno) 27 del (messe di) *maggābit*. E vidi una cosa misteriosa, che non son degni di vedere gli avidi di oro che pongono tutti i loro

[1] *Gal.*, III, 28.

desideri sulla terra. Allora guardai : entrarono gli ecclesiastici nel Sancta Sanctorum per consacrare l'Eucarestia, come si conviene agli ecclesiastici. Venne allora un diacono che teneva un canestro aureo, sul quale era pane caldo. Si trasformò allora quel canestro e divenne una fanciulla vergine ed il pane si trasformò in un Bambino. Poi, quando il sacerdote li ricevette dalle mani del diacono, il Bambino diventò pane e la Vergine diventò canestro aureo. Allora il sacerdote cominciò la consacrazione delle specie; quindi giunse al passo : 'Venga la grazia dello Spirito Santo!'; ed allora scese lo Spirito Santo in forma di colomba bianca per consacrare quelle specie. Si mutò quindi quel pane e diventò il Bambino. Quindi un Angelo diede una spada a quel sacerdote per sacrificare; ed egli sacrificò quel Bambino. Quando vidi ciò, restai attonita e sgomenta e piansi amaro pianto. Allora mi disse San Michele Arcangelo : Non piangere, o Krestos Samrā prediletta da Dio; bensì guarda al Mistero! Io risposi: Ho guardato. Mi disse poi: Hai sentito come quel sacerdote dice giustamente le lezioni della liturgia e come egli è puro? Risposi : Sì, lo sento. Allora il sacerdote venne per comunicare il popolo con la Santa Carne ed il Glorioso Sangue. Io ricevetti quindi la Santa Carne ed il Glorioso Sangue, che nella mia bocca diventarono vera carne e vero sangue. Poi vidi che uno dei pezzi del pane (consacrato) volò dalla patena ed entrò nel calice che il diacono aveva in mano; (ed il calice) fu intriso di sangue. Indi volò ed entrò nel Sancta Sanctorum. * Ciò vedendo mi meravigliai e stupii; * p. 36
e chiesi all'Angelo che stava con me : Che è questo mistero? Mi rispose S. Michele Arcangelo : Prima tu hai visto che il sacerdote Lo sacrificava come un agnello; ed ora io ti dico, o Krestos Samrā prediletta di Dio, non pensare che Egli rimanga morto, anzi Egli è vivo nella Sua Divinità; come dice il Libro : « Tu sei morto coi morti e vivo col Padre e con lo Spirito Santo; dimorante nella tomba e vivente col Padre e con lo Spirito Santo. » Inoltre disse : « Morto nella Sua Carne, vivo nella Sua Divinità. » Quando egli mi ebbe detto ciò, molto mi rallegrai.'

Ancora disse la madre nostra Krestos Samrā : 'Una volta mentre stavo al Lago Tana a piangere per i miei peccati, ricordandomi del giorno della mia morte, ecco venne il demonio in figura di un Metropolita, solenne e maestoso. Volevo allora prosternarmi a lui, perchè mi parve uno dei Santi che potesse confortarmi nel mio dolore. Ma venne a me S. Michele Arcangelo e mi fece tornare indietro, dicendomi : Non prosternarti a lui perchè non è un Metropolita, ma è Satana. Però tu va ed interrogalo, secondo il tuo solito ed egli ti parlerà. Allora andai da lui e gli chiesi : Chi sei tu e quale è il tuo nome, perchè io possa prosternarmi a te. Mi rispose : Io sono Michele Arcangelo, — perchè egli non si era accorto che S. Michele Arcangelo era con me. Ed io fui insidiosa come egli era stato * p. 37 insidioso ; e gli dissi : Se tu sei San Michele, dimmi * una parola di verità ! Allora si rallegrò assai perchè pensò di avermi ingannata ; e mi rispose : Ascolta ! Io ti dico : Perchè mai tu affliggi la tua carne. D'ora in poi ripósati dalle afflizioni di questo mondo effimero ! E poi perchè tu prediligi il digiuno e la preghiera ? e chi ti ha insegnato di stare al lago ? Allora mi rivolsi a lui e gli risposi : Voi siete diventati forse dissidenti dalla Scrittura ? Mi chiesi : In che cosa ne siamo dissidenti ? Gli risposi : Io ve lo definirò. Mi disse : Orsù, spiegami la nostra dissidenza ! Risposi : La Scrittura dice che ogni uomo il quale digiuna e prega e supplica sinceramente avrà la sua ricompensa. E Davide poi disse : Chi ha penato nel mondo vivrà in eterno[1]. Tu invece mi dici di non affliggere la mia carne e di non prediligere il digiuno e la preghiera. Quando ebbi detto ciò, si adirò contro di me e mi spaventò con la sua collera. Indi nuovamente a lui mi rivolsi e dissi : Da che cosa tu puoi esser vinto ? Ed egli, adirato, mi rispose per la terza volta : Io posso esser vinto per queste tre azioni : la prima è quella di chi accoglie un ospite mentre è in vita, prima che l'anima si separi dal corpo. La seconda è quella di chi accetta ogni prova che gli venga addosso. E la terza è quella di chi si umilia pensando : Polvere sono ed in polvere ritornerò. Così sono assai vinto. Avendo detto ciò, gli fiammeggiarono le ali e volò per l'aria. Ed io molto fui sbigottita per la sua maestà e caddi in terra. Venne allora a me Nostro Signore Gesù Cristo — alla cui menzione sia gloria ! — ; mi sollevò con le Sue sante mani e mi disse : O Krestos Samrā, mia cara, non temere di lui, ma guarda su in cielo ! Allora guardai e vidi il demonio, le cui ali riempivano il cielo da un confine * p. 38 all'altro. Allora * si rivolse a me il mio Signore e mi disse : Chi può vincere quello scellerato malvagio ? Avendomi egli chiesto ciò, io tacqui. Ed egli replicò : Non c'è chi lo possa vincere se non io e se non chi crede nella mia Trinità. E se questo (credente) ha peccato

1 Cfr *Ps.* LXXI, 13-15.

e si è convertito in penitenza sì da non tornare al suo peccato di prima, egli potrà sfuggire alle insidie di quello.' Nei secoli dei secoli. Amen.

Disse poi la madre nostra Krestos Samrā : 'Una volta fu mandata la peste in tutti i confini del mondo. Perirono e furono distrutte molte genti; e nelle loro case furono pianti e lamenti. E passarono in tale condizione tre anni. Un giorno, mentre stavo nel mio eremo, mi venne una idea buona : di invocare, cioè, la clemenza del Signore per tutti i figli degli uomini. E mentre ero sola nel mio eremo a porta chiusa, venne da me uno delle schiere delle peste e stava alla soglia del mio eremo. Quando egli si fermò alla soglia del mio eremo, la porta si aprì da sè. Allora egli si rivolse a me, dicendo : Come stai, o Krestos Samrā, prediletta da Dio? Allora gli risposi : Chi sei tu che io accolga il tuo saluto? Rispose : Il mio nome è Ba-dĕl Asfār e vengo da lontana terra. Gli domandai : Perchè sei venuto dove io sto? Rispose : Per intrattenermi con te. — Su, dunque, conversiamo! — Ed allora egli prese un coltello e tagliò un pezzo di carne bovina. Egli aveva due cani che si erano accovacciati alla mia soglia; e lanciò * la carne che aveva tagliato col coltello ai due cani. Uno dei * p. 39
cani ne prese e cominciò a mangiare; l'altro cane non ne mangiò. Io chiesi allora al loro padrone : Perchè questo non mangia, mentre l'altro mangia? Allora quel cane, che era rimasto accovacciato in silenzio, parlò nella lingua degli uomini e mi disse : Dovrei forse strappare (la carne) al mio simile, come (fanno) gli umani? Ma noi rispettiamo i precetti del nostro signore, lo temiamo e gli abbiamo riguardo. Io stupii e restai attonita, pensando : Come mai questo cane parla in linguaggio umano? Mi rispose il padrone di quei cani : Così parlano i cani nella lingua degli umani. E noi anche rispettiamo i precetti del nostro Creatore nè trasgrediamo, come voi invece fate, i comandamenti del Creatore nostro. Egli vi dice : Non fornicate! e voi fornicate. Egli vi dice : Non rubate! e voi rubate. Egli vi dice : Non uccidete! e voi uccidete. Avendo voi così trasgredito i comandamenti di Dio, egli vi manda la Sua ira su tutta la terra. Ascolta quel che ti dico, o Krestos Samrā prediletta da Dio! Quando è emanato un ordine da parte del Signore, noi ubbidiamo alla parola dell'Arcangelo Michele, temendo e paventando. Egli (Michele) ci dice così : Il Signore vi ordina di uscire dal vostro paese e di uccidere tutti gli uomini. E quando S. Michele Arcangelo ci dice così,

noi temiamo e paventiamo. Ed allora si riuniscono gli ufficiali ed i principi (nostri) dal loro re. E si consigliano col re. Ed il re dice ai suoi ufficiali : Andatevi a consigliare con le vostre donne! E dopo che vi sarete consigliati, andiamo fuori presto perchè Dio non sia in collera con noi. Allora escono gli ufficiali in fretta e si consigliano
* p. 40 con le loro mogli. * Esce allora in fretta il re con i suoi ufficiali. Nè alcuno di noi resta indietro nè giovani nè bambini. Ascolta quel che ti dico, o Krestos Samrā! Quando siamo giunti là dove Dio ci ha ordinato, il nostro re entra nella casa del re (del paese), ed i suoi ufficiali nelle case degli ufficiali (del paese), nè alcuno di noi trasgredisce i comandi dell'Arcangelo Michele. Allora operiamo secondo gli ordini, senza trasgredirli come voi (invece fate). Così il re nostro uccide il re (del paese) e gli ufficiali uccidono gli ufficiali; ed i giovani (nostri) uccidono i giovani (del paese) ed i bambini uccidono i bambini (del paese) ; e le donne uccidono le donne; ed i servi uccidono i servi; e le serve le serve. Così noi siamo costituiti. Non vi è che uccida senza misura. E quando San Michele Arcangelo ci dice : Presto uscite e ritornate nel vostro paese!, allora noi presto usciamo temendo ed impauriti. E ritorniamo alle nostre case in pace. Così noi viviamo sino al giorno della nostra morte. E sta a sentire un'altra cosa, o Krestos Samrā : Quando ti dicono che qualcuno (di noi) e stato portato via dalle onde od una jena lo ha mangiato, non c'è di tutto ciò cosa alcuna che ci possa nuocere (veramente). Ciò detto, si avviò a piedi sul Lago Tana, raggiunse l'isola di Dāgā e ritornò celermente dove stavo io. Quindi si rivolse a me e mi disse : Ormai me ne vado al mio paese; ma tu, Krestos Samrā, prediletta da Dio, non dimenticarmi nelle tue sante preghiere! Ed io gli risposi : Va in pace!' La preghiera e benedizione di lei siano con noi nei secoli dei secoli. Amen.

* p. 41 Poi disse la madre nostra Krestos Samrā: 'Un giorno * gli ecclesiastici scesero (al fiume) per l'immersione battesimale nel giorno della festa detta dell'Epifania, (nome) che significa : 'Apparizione di Nostro Signore'; come Egli disse nel Vangelo : 'Chi non è nato di acqua e Spirito Santo non potrà entrare nel Regno di Dio; perchè chi è nato di carne è carne e chi è nato di spirito è spirito' [1]. Seguendo tale norma scesi anche io (al fiume) per diventare figlia

1 *Ioh.*, III, 5-6.

dello Spirito Santo. Allora Mosè, Elia e Giovanni Battista mi portarono quell'acqua del Giordano nella quale fu battezzato Nostro Signore. Mi dissero quei Santi : Salute a te, Krestos Samrā! Come stai? Risposi : E voi chi siete? Allora mi dissero : Ti diremo il nostro nome, ma prima battezzati (per immersione)! Ma io replicai ancora : Se non conosco i vostri nomi, come mi battezzerò? Quindi mi disse uno, che era il maggiore fra loro : Io sono Mosè. Ed il secondo : Il mio nome è Elia. Ed il terzo : Io mi chiamo Giovanni. Allora mi rallegrai molto e caddi ai piedi di quei Santi. Essi mi rialzarono con le loro mani e mi dissero : Orsù, battezzati! Risposi: Ormai battezzatemi voi! Mi presero quindi per la mano destra Mosè e per la sinistra Elia; e Giovanni mi ordinò : Entra nel lago! Entrai allora nel lago e vidi Giovanni prendere un calice, che conteneva acqua del Giordano e lo versò sul mio capo. In quel momento una luce mi coprì tutta; e quei Santi si rivolsero a me e mi dissero : Non c'è alcuno che sia stato battezzato così come te, da che fu battezzato Nostro Signore. Certo ti è stata accordata una grande grazia, che non venne accordata ad altri * Santi prima di te nè dopo di te. * p. 42
Io chiesi loro : Ci sono molte persone che asseriscono di essere state battezzate nel Giordano. Come mai, dunque, voi mi dite che non c'è alcuno che sia stato battezzato come me? Mi risposero : Quando essi ti dicono di essere stati battezzati nel Giordano, (vuol dire che) sono battezzati come lo Spirito Santo ha loro assegnato (in battesimo spirituale). Ma il Giordano (vero) è sigillato per consiglio della Divina Sapienza; ed a te è stato concesso in grande grazia. Poi io li supplicai e disse : Pregate per me il Signore che mi guarisca dalla malattia che ora affligge il mio corpo! E quei Santi si adirarono con me e mi dissero : Perchè tu credi che ti è stata concessa tutta questa grazia? Proprio per quella tua malattia; come è detto nel libro : Il Signore corregge colui che predilige [1]. Ed ancora (dice la Scrittura) : L'oro è provato col fuoco; il giusto è provato col dolore dell'angustia [2]. Davide poi disse : Molti sono i dolori dei giusti [3]. Ed aggiunse : Si sono moltiplicati i loro malanni e quindi si sono accelerati [4]. Queste parole della Scrittura mi dissero quei Santi. Allora io replicai loro : Se così è e si ottiene per i mali sofferti la grazia di Dio, pregate per me perchè (il Signore) mi dia sino

1 *Prov.*, III, 12. 2 *Prov.*, XVIII, 3. 3 *Ps.* XXXIII, 20. 4 *Ps.* XV, 4.

alla fine malanni più forti. Mi dissero quei Santi : Ormai torneremo alla nostra dimora. Chiesi io : E dove è la vostra dimora? — Nel Giardino delle Delizie, dove sono Abramo, Isacco e Giacobbe. Ancora mi dissero : Abbiamo pure un'altra piccola cosa da dirti. Risposi : Orsù, ditemela, miei signori! Perchè me lo nascondereste? Risposero : Tra pochi giorni tu diventerai madre nel convento di * p. 43 nome Guangut. * Verranno a te figlie di Re e di uffiziali e si prosterneranno sotto le orme dei tuoi piedi. Molte donne, innumerevoli, da vicino e da lontano, verranno da te e dimoreranno con te. Quando essi mi dissero ciò, io molto mi meravigliai e risposi : Mi avete detto una cosa meravigliosa e che io non merito. È meglio per me la morte, anzi che convivere con altri. Non crediate che io odii gli umani, ma con gli umani arriva anche Satana. Perciò (questo vostro discorso) è stato per me un doloroso tormento. Mi replicarono (i Santi) : Non hai udito quel che il Signore disse nel Vangelo : Non può restar nascosto un paese che fu edificato su di un monte? Quando mi ebbero così parlato, tacqui meravigliata. Quei Santi risalirono al cielo in grande gloria ed io restai sola, come era mia abitudine'. La preghiera e la benedizione di lei siano con noi. Amen.

Disse inoltre la madre nostra Krestos Samrā : 'Un giorno mentre stavo nell'isola di Guangut e pregavo nella sesta ora del giorno, cioè al mezzodì, del venerdì, mi venne in mente di piangere sui miei peccati e sui peccati degli uomini. Guardai e vidi come tutto il mondo è vano e tutti gli umani vanamente si perdono, come disse Davide : E l'uomo appare vano ed i suoi giorni come ombra passano. E disse ancora : L'uomo, essendo onorato, non l'ha compreso ed è diventato come animale senza intelletto e si è ad essi (bruti) assimigliato. Il loro stesso cammino è il loro inciampo; mentre con le loro bocche si compiacciono, come pecore, la morte li pascola nello Sceol [1]. E poi disse : Ricordati, Signore, che noi siamo polvere. I giorni dell'uomo sono come erba e come fiore del deserto così frutti- * p. 44 ficheranno. Perchè lo spirito uscirà * da lui e non dimorerà nè conoscerà il luogo suo' [2]. Per tutto ciò piansi di amaro pianto, dicendo : Perdona, Signore, e sii loro clemente. Nè ricordarti delle colpe della tua serva ignorante!

Allora venne a me il mio Signore Gesù Cristo in grande

1 *Ps.* XLIII, 13-15. 2 *Ps.* CII, 14-16.

gloria. Quando lo vidi, caddi ai piedi del mio Dio. Ed egli mi rialzò con le sue stesse mani, sante, beate, e senza macchia. E mi disse : Non temere, o Krestos Samrā mia cara, anzi dimmi quel che il tuo cuore desidera! Gli risposi : Se Tu lo permetti alla Tua serva, spiegami perchè hai creato il padre nostro Adamo a Tua immagine e somiglianza e perchè sei stato crocifisso sul legno della Croce. Non è stato ciò forse a causa di Adamo e dei suoi figli? Mi replicò : Sì, sono stato crocifisso per loro. Replicai : Se così è stata per loro la tua crocifissione, perdona (dunque), Signore, a quelli che son morti, da Abele sin oggi e sino all'eternità! perchè Tu sei clemente, lontano dalla collera e di molta misericordia e giusto. Non c'è altro Dio che Te; nè c'è cosa alcuna che Ti sia impossibile; e tutto l'universo non riempie il Tuo pugno. Allora (il Signore) si rivolse a me e disse : Orsù, indovina, o Krestos Samrā mia cara! I peccati fatti da Adamo e dai suoi figli ed il segno della Croce che io, Tuo Creatore, ho sopportato nel tribunale di Caifa e di Anna, essendo loro principe Ponzio Pilato, se si mettono in una bilancia, quale peserà di più? Non peseranno forse di più i patimenti che io sopportai il giorno di venerdì? Quando mi ebbe detto ciò, temetti e caddi a terra. Egli mi rialzò con le sue sante mani e mi chiese : Tutta questa pena per chi mai tu credi che io l'abbia accettata? * Come disse il Profeta Isaia[1] : «Come agnello venne al sacrificio. E come agnella che non dà voce prima che la sgozzino», così Egli non aprì bocca nella Sua Passione. Così avendo detto la Scrittura, mi crocifissero sul legno della Croce; ed un malvagio servo mi schiaffeggiò il volto ed uomini vili mi sputarono addosso. Pilato, stando sul suo seggio, ordinò di flagellarmi. Questo mi fecero. Li perdonerò dunque oppure li punirò? Indovinalo su, o Krestos Samrā mia cara! Quando Egli mi ebbe detto ciò, caddi sulla mia faccia e gli chiesi : Perchè così mi domandi sempre di indovinare? Orsù, Tu stesso spiega! Può forse un servo indovinare col suo padrone oppure una serva con la sua signora? Non fare così, Signore! Vi sono legni che non danno fumo, vi sono uomini che non commettono peccato; ma Tu perdona senza indagare! Mi rispose : Orsù, dimmi quel che il tuo cuore desidera, o Krestos Samrā mia cara, (dimmi) quel che hai nel tuo cuore! Replicai : Io

* p. 45

[1] *Is.*, LIII, 7.

desidererei, o mio Signore, che Tu perdonassi al demonio e che si salvassero tutti gli umani dalla condanna al supplizio. Perchè Tu non vuoi la morte del peccatore, ma che si converta e si penta. Perciò io ti dico di perdonare al demonio. Non pensare che io ami molto questo che ti dico, ma (lo dico) per Adamo e per i suoi figli, perchè la loro carne è la mia carne [1], Avendo io detto ciò, sorrise Nostro Signore e disse : Meravigliosa cosa mi hai chiesto, o Krestos Samrā mia cara; (una cosa) che nessuno dei molti santi che ti hanno
* p. 46 preceduto mi aveva mai chiesta. * Ciò detto, chiamò S. Michele Arcangelo e gli disse : Va, accompagnala nello Sceol perchè mi ha domandato di liberare il demonio dalla condanna al supplizio. Allora S. Michele Arcangelo mi portò con lui nello Sceol; e mentre andavano, dissi a S. Michele Arcangelo : Ormai saranno tranquilli tutti gli uomini, perchè mi pare che (Satana) vuole misericordia e non vuole più essere Dio. Giungemmo quindi nella Geenna. E che vi dirò, fratelli miei, dei supplizi che lì sono. Vidi uomini con uomini che si mordevano come cani. E mi disse S. Michele Arcangelo : Chiedi ora al demonio se egli desidera salvarsi! Allora lo chiamai col vocabolo angelico di Sāṭnā'ēl. Egli gridò a gran voce : Chi mi chiama qui dove io sono Dio su molte schiere? Ciò detto, venne a me e mi disse : Da molto tempo ti cercavo. Ora sei venuta nella mia dimora. Allora io mi rivolsi a lui e dissi : Su, esci presto! perchè Nostro Signore ti ha perdonato con i tuoi seguaci. Quando io ebbi detto ciò, il cuore di lui si accese come fuoco e, presa la mia mano sinistra, mi fece scendere nell'infimo Sceol. Venne allora a me S. Michele Arcangelo, che mi seguiva tenendo una spada infuocata; e colpì quello spietato perverso. Che vi dirò, fratelli miei, delle vociferazioni che si udirono in quel momento? Tutte le
p. 47 anime mi assalirono * come api; ed il numero delle anime, che uscirono (così dallo Sceol) sulle ali di S. Michele Arcangelo e sulle ali mie, raggiunse i centomilia. Allora molto mi allietai, vedendo quelle anime gioire e saltai tra loro come un vitello; e come un cavallo che corra innanzi al Re così fu per me.

Quindi andai dal mio Creatore e mi prosternai alla maestà della Sua sovranità. E gli dissi : Così dunque hai giudicato, Signore? Mi domandò : Hai liberato i prigionieri dalle mani del diavolo? — Si!

1 Il ms. B aggiunge : « E la mia carne è la Tua carne ».

gli replicai — li ho liberati, Signore, per la Tua possanza. Allora Egli chiamò S. Michele Arcangelo e gli disse : Va ed accompagna quelle anime alla dimora della mia cara Krestos Samrā! Allora io gli chiesī : Dove è questa mia dimora, Signore? Rispose : La tua dimora sarà presso mia Madre. Io ti dò il nome di Bastone di Maria (Batra Māryām) e ti ho posto i calzari di lei e ti ho adornata, in grazia, di grande maestà. Beati tutti quelli che ti amano!

Quando mi ebbe detto ciò, io ne fui assai lieta; e mi rivolsi e vidi dieci corone così belle nei loro splendori da affascinare gli occhi. Su ciascuna delle corone erano quattro stelle : le stelle essendo (così) in tutto quaranta. Chiesi all'Angelo che stava con me : Di chi sono quelle corone, sulle quali sono le stelle? Molto l'anima mia le ama. Mi rispose S. Michele Arcangelo : O Krestos Samrā, se le desideri, sono tue. Replicai: Sì, le desidero. Siano mie! * E mi disse: Sono tue * p. 48
quelle corone. Domandai : Perchè (il Signore) mi concede queste dieci corone? Rispose : Perchè tu hai osservato i dieci ed i sei comandamenti; e perchè hai abbandonato i tuoi figliuoli in casa tua. Quando mi ebbe detto ciò, molto mi allietai. Avendo avuto questa visione, ritornai alla mia dimora consueta. Nei secoli dei secoli. Amen.

All'indomani venne da me S. Michele Arcangelo nel giorno della sua festa, il 12 del (mese di) *ḫedār*; e mi portò un calice celeste ed una tavola col suo nome. E mi chiese ancora : Perchè tu non edifichi un santuario al mio nome? Mi rivolsi allora a lui e dissi : In qual luogo dovrei edificare il tuo santuario? Rispose : Nell'isola chiamata Guangut. Domandai : Dove mai potrei edificare un santuario? Quando io sono una povera donna e non c'è alcuno che aiuti la tua serva estranea. Mi rispose : Dio ti aiuterà nè io mi allontanerò da te. Ed aggiunse : Hai forse dimenticato le parole che prima ti dissero quei santi che ti battezzarono, quando ti annunziarono che dopo poco tempo saresti diventata badessa? Oggi è arrivato il giorno che quelli ti preannunziarono; e verranno figlie di re ed ufficiali per dimorare con te e quelle ti aiuteranno. Quando mi ebbe detto ciò, molto mi spaventai; e domandai : Come potrò, signor mio, custodire quelle vergini, essendo io una peccatrice? Mi rispose : Perchè ti ritieni peccatrice, mentre non lo sei? Dissi allora : Sia fatta la volontà di Dio; ma tu prega perchè (il Signore) mi dia forza
* sino alla fine! Ed avendogli io detto ciò, egli ascese al cielo in * p. 49
grande gloria.

Ed io rimasi sola in stupore; e dopo poco tempo vidi pecore di aspetto bianchiccio. Vidi poi molte colombe. E mi disse S. Michele Arcangelo : Non credere, o Krestos Samrā, che siano pecore quelle che hai visto; anzi sono i tuoi figli; e le colombe sono le tue figlie. Ormai verrà a te un monaco di nome Isacco (Yesḥaq) ; accoglilo in pace, perchè egli è tutto puro e ti dirà quel che ha in mente. Avendomi (S. Michele) detto ciò, mi rallegrai molto, perchè io cercavo un monaco che confortasse le mie pene. L'indomani venne a me un monaco di nome Isacco, come mi aveva preannunziato S. Michele Arcangelo. E mi abbracciò e mi disse : Come stai? Io gli risposi : La pace del Signore sia con te! Perchè sei venuto a me? Rispose : Sono venuto perchè tu conforterai le mie pene! Ed io chiesi : Chi ti ha detto dove io sto? Mi rispose : Me l'ha detto l'Angelo del Signore. Gli dissi : Parlami del dolore del tuo cuore! Rispose : Ascoltami che te lo dirò. Mio padre e mia madre erano poveri e non avevano beni. Non avevano altri figli che me. Da che sono uscito dal ventre di mia madre, non ho avuto tregua, ma solo dolori. Dopo pochi anni morirono i miei genitori, mentre io ero un ragazzo di dieci anni. Piansi amaro pianto per la morte di mio padre e mia madre. Quindi mi ricordai del giorno della mia morte; e me ne
p. 50 andai in una lontana contrada deserta. Trovai là un po'di sassi ed * a lato una sorgente di acqua corrente. E pensai in mio cuore: Questo sarà il luogo del mio riposo eterno. Ormai non uscirò più da questo eremo. Qui piangerò sui miei peccati. Dopo poco tempo cominciai a lavorare la terra e piantai molte piante. Ed andavo al mercato a vendere verdura e cipolle, ritornando poi subito nella mia solitudine. Vissi così per sette anni. Dopo sette anni, uscivo a vendere e comprare; e, mentre leggevo i Salmi di Davide, giunsi al passo che dice : « Del frutto delle tue fatiche ti ciberai. Tu sei beato e bene ti sarà. Tua moglie è come vite piacevole nel recinto della tua casa. » [1] Così conviene ad un monaco che si nutra dei frutti delle sue fatiche. Mentre dicevo ciò, giunsi al mercato e contrattai, secondo la mia abitudine di sempre. Poi mentre andavo via in fretta per ritornare alla mia dimora, il capo di quel mercato disse ai suoi uomini : Vedo quell'uomo sempre in questo mercato e non se ne stacca. Sapete la sua casa e la sua contrada? Risposero : Non sappiamo la sua casa nè la sua contrada. Allora

1 *Ps.* CXXVII, 2-3.

egli ordinò a due uomini di seguirmi e guardare a qual paese io mi dirigessi. Così quelli mi vennero dietro ridendo. A me pareva che fossero genti del mercato; ed invece quelli indagavano su di me. Quando io camminavo, quelli camminavano; e, se mi fermavo, si fermavano. In tal modo giunsi alla mia dimora; e ringraziai il Creatore di tutto il mondo, Alimentatore di ogni essere corporeo. Presi allora la mia pignatta e mescolai la mia verdura e volevo mangiare. * Allora quei briganti mi assalirono, mi afferrarono, mi * p. 51 legarono le mani dietro come un ladro, mi percossero e mi ferirono. E dicevano : O scellerato, così tu vivi in prosperità in questo luogo dove la terra non è tua! Ciò dicendo, divelsero le piante mie. Ancora mi percossero, stando uno davanti a me ed uno dietro. Che ti narrerò, o Krestos Samrā prediletta da Dio, del tormento che ebbi in quell'ora? Non è possibile parlarne faccia a faccia. Diventai allora come un cadavere inanimato. Quei briganti mi deridevano. Ed io vidi S. Michele Arcangelo portarmi sette corone e mi disse : Prendi, ti dice il Signore, queste corone per il torto (che hai subíto) e per la tua carcere successiva. Quando mi ebbe detto ciò, molto mi allietai. E la terra si spaccò ed inghiottì quei briganti, come Datan ed Abiron. Mi addolorai allora, vedendo la morte dei briganti; ma mi disse Michele Arcangelo : Non addolorarti! Ormai non resterai più in questo eremo; ma va nell'isola di Guangut. Lì troverai una donna eletta ed onorata di nome Krestos Samrā. Tu fa quel che essa ti dirà. Perciò io son venuto da te affinchè tu mi conforti. Ed io gli risposi : Ben venuto da me, fratello mio! Ormai edificati una piccola dimora e vivi in essa e piangi per i tuoi peccati! Così si conviene ad un monaco che viva da solo. Ed io feci come essa mi aveva ordinato.

All'indomani venne a me l'Arcangelo S. Michele e mi disse : Oggi è giunto quel che * ti avevo preannunziato. Verranno a te figlie di re * p. 52 ed ufficiali. Accoglile con letizia e restino con te. Isacco, il monaco, conferisca il monacato a quelle vergini. E tu edifica presto un santuario al mio nome! Ciò detto, sparì da me. In quell'ora arrivarono molte donne e si prosternarono alle orme dei miei piedi e mi dissero : Come stai, o vanto delle donne? Allora mi rivolsi a loro e dissi : La pace del Signore sia con voi! E di giorno in giorno arrivavano molte donne e si sottomettevano a me. Fu il numero di quelle vergini 6000. Ed il monaco Isacco prendeva il cappuccio ed il camice dalle loro mani, li benediceva e conferiva loro il monacato. E diceva loro : D'ora in poi dividerete l'ascesi e l'agone spirituale con la madre vostra Krestos Samrā per edificare la chiesa di S. Michele Arcangelo. Rispondevano : Sì, faremo quel che ci ordini. Ed Isacco pose le fondamenta della chiesa con l'aiuto di Krestos Samrā e di quelle vergini e la completò in tre mesi con l'aiuto di S. Michele. Isacco poi chiamò molti monaci da lontano e da vicino e consacrò quella chiesa; e ci comunicammo tutti noi, uomini e donne con la Sua santa Carne ed il glorioso Sangue per mano di Isacco'.

Disse ancora la madre nostra Krestos Samrā : 'Venne a me Nostro Signore Gesù Cristo e mi disse : O Krestos Samrā, d'ora in poi insegna ad esse (monache) accuratamente la Legge del Vangelo perchè non dormano nè si assopiscano. Ciò detto, ascese al cielo. Allora io cominciai ad insegnare ad esse (monache) il Vangelo regale, * p. 53 dove * dice [1]: « il regno dei cieli somiglia a dieci vergini, che presero le loro lampade ed uscirono ed andarono a ricevere lo sposo. Cinque di esse erano sciocche e cinque erano saggie. E le sciocche presero le loro lampade, ma non presero olio con loro. Ma le saggie presero olio con loro insieme con le lampade. E lo sposo tardò; e tutte si assopirono e dormirono. Quando fu la mezza notte, venne lo sposo in fretta. E dissero: Ecco, venne lo sposo, uscite a riceverlo! Quindi si svegliarono quelle vergini. E tutte si levarono ed ornarono le loro lampade. E dissero quelle sciocche alle saggie : Dateci una parte del vostro olio, perchè le nostre lampade sono spente. Risposero le saggie alla sciocche : Non basta per voi e per noi. Ma andate e compratevene. Ed, essendo quelle andate a comprarne, giunse lo sposo; e quelle che erano pronte entrarono con lui alle nozze e fu chiusa la porta. Giunsero poi quelle sciocche e dissero : Aprici che entriamo, o Signore! E rispose loro il Signore : In verità vi dico, io non vi conosco; perchè voi non avete saputo essere vigilanti con me. » Quindi, allorquando Egli vi dirà (così), che cosa risponderete quando verrà il Figlio di Dio in gloria a giudicare i giusti ed i reprobi? come è scritto nei Libri Santi : Verrà nuovamente in * p. 54 gloria * per giudicare i vivi ed i morti.' Ed essa insegnava loro sempre ciò insieme con le interpretazioni, dicendo : Così conviene ad una badessa che le sue figlie apprendano la parola della Scrittura senza posa.

1 *Matth.*, xxv, 1-12.

E diceva : Ahi voi! Guai a voi, o vergini, che perdete la vostra virginità anzi tempo, perchè avete un tizzone di fuoco che vi divora sfrenatamente! Ahi voi! Guai a voi, o vedove tortuose, senza spirito, che corrompete i figli degli uomini, perchè voi avete una fiamma di fuoco che vi divora. Così essa parlava loro sempre; e quelle accettavano con timore e paura ciò che essa diceva. Come tu, terra, ricevi il seme, esse lo ricevevano. Alcune di loro scavavano una fossa e si mettevano lì dentro in piedi, senza vesti, ignude e piangevano per i loro peccati, ricordandosi del giorno della loro morte, stando in quella fossa. Ad alcune di quelle vergini si separava (dal corpo) l'anima; altre ancora andavano e stavano nel lago e piangevano per i loro peccati.

E la madre nostra Krestos Samrā alcune volte andava alla Terra dei Beati e si tratteneva con loro a conversare per sette giorni. Dopo sette giorni tornava in fretta alla sua dimora. Altre volte andava alla Terra dei Viventi, dove sono Enoc ed Elia e conversava con loro, ritornando poi celermente alla sua dimora. Così visse per molti anni. Poi cominciò una nuova ascesi; riunì tutte le vergini e disse loro : D'ora in poi vivete in reciproco affetto e nel timore di Dio! Ciò detto, diede loro e nominò * su ogni mille di loro una badessa; * p. 55
e disse loro : Non trasgredite quel che vi ho prescritto. D'ora in poi non ci incontreremo con voi in carne, ma piuttosto in spirito.

Ciò detto, si separò da loro ed ordinò ad una vedova che le portasse chiodi acuti e quella glieli portò. Quindi dispose che quella le scavasse una fossa dell'altezza di lei, madre nostra Krestos Samrā, e piantò nella fossa un albero di noce; ed entrò nella fossa dicendo : Non uscirò da questa fossa sin che (Dio) mi abbia perdonato. Piantò i chiodi acuti : tre innanzi a sè, tre dietro, tre a destra e tre a sinistra. Fece una corda e si legò le mani dietro e cominciò a piangere per i peccati di tutto il mondo, ma particolarmente piangeva per i peccati dell'Etiopia. Stette così tormentando la sua carne con quel supplizio per dieci anni; ed i chiodi le scorticavano il corpo. Puzzava e si putrefaceva ogni membro del suo corpo. Allora uscì (dalla fossa) la madre nostra Krestos Samrā ed entrò nel lago Tana e stette lì tre anni.

'Dopo tre anni', disse la madre nostra Krestos Samrā, 'venne a me Nostro Signore Gesù Cristo — alla cui menzione sia gloria! — e con lui erano Michele, Gabriele, Raffaele e la Sua Madre Maria.

Vennero anche i 15 Profeti, i 12 Apostoli ed i 72 Discepoli, tutti i Santi ed i Martiri, le Vergini ed i Monaci, ciascuno nel suo ordine e ciascuno nel suo gruppo. E vennero i Fanciulli uccisi da Erode con l'infante S. Quirico loro capo; e tutte le schiere degli Angeli nel loro ordine. E, dopo tutti gli altri, arrivò Davide, Re di Israele, toccando la sua lira e dicendo : Ascolta, figliuola mia, e vedi ed * p. 56 * apri bene le orecchie! Dimentica il tuo popolo e la tua casa paterna, perchè il Re ha desiderato la tua bellezza ed Egli è il Signore tuo. Quando (Davide) ebbe detto ciò, tutti i Santi gridarono alle parole di Davide : In verità è beata questa donna Krestos Samrā prediletta da Dio. Allora si rivolse a me il mio Signore Gesù Cristo : O Krestos Samrā mia cara, oggi sono venuto a te per farti emigrare da questo mondo effimero, e dalle sue pene al riposo, e dal dolore alla gioia, e dalle miserie alla ricchezza. In verità, in verità ti dico : Ognuno che celebrerà la tua commemorazione in gioia e letizia, io lo farò gioire nel mio regno. E colui che invocherà fiduciosamente il tuo nome nelle sue angustie, io lo salverò dalle prove dell'anima e del corpo. E colui che farà scrivere il libro dei tuoi Atti in fede e chi lo scriverà io farò scrivere il suo nome nel Libro di Vita. E chi edificherà un santuario al tuo nome, io farò edificare per lui una dimora nel regno dei cieli. Chi darà da mangiare ad un ammalato io lo sazierò della mia carne. E chi darà da bere ad un assetato un calice d'acqua, io gli darò da bere il sangue che scorse dal mio costato. E chiunque presenterà un'offerta nel giorno della tua commemorazione, sia incenso od olio oppure burro o puro fior di farina, io accetterò la sua offerta come l'offerta di Abramo, Aronne e Melchisedec. Allora io mi rivolsi al mio Signore e dissi : Se tu lo permetti alla tua serva, consentimi di parlare! Rispose : Orsù parla! Ed io dissi : Dove tu disponi, Signore, che il mio corpo sia sepolto? Rispose : In questa isola chiamata Guangut. Non addolorarti se ti dico che il tuo corpo sarà seppellito in terra, perchè io lo resusci- * p. 57 terò nel giorno novissimo. Gli dissi : * Così stando le cose, sino a quante generazioni tu perdonerai per me a chi sarà sepolto presso la mia dimora ed a chi avrà celebrato la mia commemorazione ed invocato il mio nome? Mi rispose : Perdonerò (loro) per te sino alla decima generazione. Quando Egli mi ebbe detto ciò, molto mi rallegrai.

Ed Egli mi disse ancora : Questa isola diventerà come il Monte

Tabor e come il Monte degli Ulivi. Così la santificheranno e la glorificheranno. Non hai tu forse udito quel che dice il Libro : Non è il luogo che santifica l'uomo, ma è l'uomo che santifica il luogo? Perciò santificheranno e glorificheranno quella tua tomba; ed il suo nome sarà 'monte dell'amore' e 'monte della misericordia'. In verità, in verità ti dico ognuno che verrà in pellegrinaggio alla tua tomba sia come colui che ha fatto pellegrinaggio alla tomba di mia Madre. In verità, in verità ti dico, ognuno che non ti glorifica io non lo glorificherò nel regno del Padre mio; e chi non ti ama io non l'amerò nel mio regno.

Ciò detto, si rivolse ancora a me e disse : O Krestos Samrā, mia mia cara, oggi è la tua festa, festa di gioia e letizia. Ciò detto, mi pose alla testa di numerose schiere e mi disse : La dignità del tuo seggio sarà pari a quella di Mosè ed Aronne. La dignità del tuo seggio sarà pari a quella di Pietro e di Paolo. La dignità del tuo seggio sarà pari a quella dell'infante S. Quirico, vincitore di Satana. La dignità del tuo seggio sarà pari a quella di Giovanni Battista. La dignità del tuo seggio sarà pari a quella di Giorgio, sole di Lidda. Ti ho collocata sul monte di Sion ed a testimonio. La dignità del tuo seggio sarà pari a quella di Stefano protodiacono. Beati tutti quelli che ti amano, come disse Davide : Signore, chi dimorerà nel Tuo tabernacolo e chi avrà riposo nel Tuo santo monte?[1] Disse : Chi glorifica i timorati [è] il Signore * e li ha allietati con te nella tua * p. 58
eredità.'[2]

Ed a queste parole l'anima di lei si separò dal suo corpo, essendo il giorno 24 del (mese) di *ḥamlē,* giorno della festa di Takla Hāymānot. Si udì allora uno strepito di tuono e tutte le schiere giubilarono, come disse Davide : Giubilarono pel Signore in timore. 'Ed io mi allietai con loro in gioia. E mi portarono nella Gerusalemme celeste dove mi prosternai alla gloria di Sabaot.

Egli disse a S. Michele Arcangelo : Va, conduci la mia prediletta Krestos Samrā alla dimora di mia Madre. S. Michele mi disse : Vieni, andiamo! Mentre andavamo vidi un trono luminoso e meraviglioso la cui luce supera sette volte il sole e la luna. Quando l'anima mia lo vide, molto amò quel trono. E S. Michele mi disse : Che guardi, o Krestos Samrā? Risposi : L'anima mia guarda il

1 *Ps.* XIV, 1. 2 Cfr *Ps.* LX, 6.

trono luminoso. Mi replicò : Ti piacerebbe che fosse tuo quel trono? Dissi : Sì! Mi piacerebbe. Rispose : Dunque è tuo quel trono. Allora mi rivolsi a S. Michele Arcangelo e dissi : Prima il mio Signore mi aveva detto : La tua parte sarà con Maria mia Madre. Come mai dunque tu poi mi dici che sarà mio quel trono? Allora (S. Michele) si adirò con me e mi disse : Perchè tu rifiuti sempre? Ciò detto mi portò alla dimora di Nostra Signora Maria; e mi disse : Guarda, o Krestos Samrā! Allora la guardai ed Essa non era una donna (in * p. 59 apparenza), ma un monte assai alto [1]. Chiesi a S. Michele * Arcangelo: Non mi avevi detto detto che questa è Nostra Signora Maria? Come mai è un monte? Mi rispose : Aspetta un poco sin che ti sarà rivelato un mistero.

Allora vidi Nostra Signora Maria e volai ad abbracciarla al collo e la baciai. Ed Essa mi baciò dicendo : Tu sei beata, o Krestos Samrā e beati sono tutti quelli che ti amano. Ciò detto, mi fece sedere alla sua destra e molto mi rallegrai. Sentii allora che tutti i Santi ed i Martiri e le Vergini ed i Monaci inneggiavano con questa laude, dicendo : Alleluja al Padre, alleluja al Figlio, alleluja allo Spirito Santo. Gloria al Padre, gloria al Figlio, gloria allo Spirito Santo.Lode al Padre, lode al Figlio, lode allo Spirito Santo. Osanna al Padre, Osanna al Figlio, osanna allo Spirito Santo. Benedizione al Padre, benedizione al Figlio, benedizione allo Spirito Santo. Principato al Padre, Principato al Figlio, Principato allo Spirito Santo. Adorazione al Padre, adorazione al Figlio, adorazione allo Spirito Santo. Ed io mi unii a loro ed inneggiai al Creatore di tutto, per merito di Michele e di Maria, Sua Madre'. La preghiera e benedizione di Krestos Samrā, stella della Chiesa, permanga con noi tutti ascoltatori. Nei secoli dei secoli. Amen.

Ed il monaco Isacco andò alla dimora di madre nostra Krestos Samrā e la trovò cadavere in piedi nella fossa come colonna piantata; e credette che essa fosse ancora viva. E disse : Benedicimi, * p. 60 madre nostra Krestos Samrā! Ma non ebbe risposta. Si accostò * a toccare il corpo di lei e trovò che era morta. Allora si spaventò e cadde a terra e pianse di amaro pianto. Chiamò tutte le vergini monache perchè la piangessero. Vennero a gara correndo, la trovarono morta e

1 E cioè il Monte di Sion, equivalente di Maria nella simbolistica etiopica dell'epoca posteriore al XIV secolo.

piansero amaro pianto, dicendo : Beato il ventre che ti ha portato e beate le mammelle che ti hanno nutrito. Ed il monaco Isacco rivestì il corpo di lei con una veste pura, la pose in una cassa e la seppellì nel santuario. Isacco non tornò nella sua grotta, ma scavò una fossa ad oriente del santuario ed entrò in essa. E vi stette, dicendo : Ormai non uscirò di qui se non morto come (ha fatto) la madre mia Krestos Samrā. Ciò detto, pianse di amaro pianto. Rimase lì quaranta giorni nè toccò cibo in quel tempo; e l'anima sua infine si separò dal corpo ed ereditò la Vita (eterna) per l'intercessione della madre nostra Krestos Samrā. Furono i giorni della vita della madre nostra Krestos Samrā 375 anni.

Ha scritto questo libro Filippo, figlio (spirituale) di Takla Hāymānot di Dabra Libānos, al tempo del nostro Re Dāwit II, mentre essa stessa (Krestos Samrā) glielo narrava. La commemorazione della morte della madre nostra Krestos Samrā è insieme con la festa del trapasso del padre nostro Takla Hāymānot. La preghiera e benedizione di lei permangano con noi tutti, ascoltatori e lettori. Nei secoli dei secoli. Amen.

Inoltre è stato trovato nel Libro del Patto di Nostra Signora Maria circa la madre nostra Krestos Samrā : « Miracolo di lei : I monaci che vivono colà e quelli che vengono da lontano, Essa li fa arrivare in pace a compiere il pellegrinaggio a Lei nel santuario di Tana. E le monache, che vivono sulle sponde del Tana, Nostra Signora Maria le visita per il Suo Patto, * come disse una di loro, * p. 61
la beata Krestos Samrā. Disse : Molte volte mi è apparsa Nostra Signora col suo amato Figlio e con gli Angeli. » La preghiera e benedizione della madre nostra Krestos Samrā permangano con noi tutti figli del Battesimo. Nei secoli dei secoli. Amen ed Amen. Fiat! Fiat!

II. APPENDICI

1. EFFIGIE (MALKE'E) DI KRESTOS SAMRĀ

'Salute alla menzione del tuo nome, compiacimento di Cristo!'; mentre (così) dice il sacerdote che dall'inizio lo ha proclamato [1]; perchè il Suo compiacimento non ti è mancato in alcun momento, si è scoperto (così) il significato della dizione del tuo nome. Ma non per tutti il vaticinio ha la sua spiegazione.

Salute ai capelli della tua testa, che per la rasatura furono consacrati; ed alla tua testa salute! che fece germogliare l'unzione. O tu, Krestos Samrā, che hai ottenuto il Patto, apri presto le porte delle tue orecchie all'ospite (e cioè) alla voce del mio inno, che verso di te si è diretta. Non resti (l'ospite e cioè l'inno) fuori!

Salute al tuo volto, lo splendore della cui bellezza è prodigioso, [splendore], la cui luminosità accecò gli occhi delle tenebre. Il giorno nel quale, o Krestos Samrā, io innanzi al volto del Re starò indietro, la tua maestà faccia glorificare me, servo; e la gloria del tuo volto nasconda l'onta della mia anima!

* p. 62 * Salute alle tue ciglia che adornano il viso ed ai tuoi occhi dai quali il sonno fuggì. Quando alla porta esterna starà (l'anima), dove si sarà avanzata correndo [2], aprile la porta delle pecore [3], perchè all'infuori di te non trovo amico.

Salute alle tue orecchie che furono sollecite ad ascoltare! La lancia della parola del Vangelo sin nell'interno del tuo cuore (così) entrò. Quando tu avrai approntato la lampada e l'olio a gioire nella casa nuziale, o Krestos Samrā, accorda a me tuo servo che anche io sia preparato alle nozze!

Salute alle tue guancie più (colorite) che buccia di melograno! Quelli prendono sempiterna immagine di bellezza : coloro che riuniscono, o Krestos Samrā, secondo il tuo Patto, l'unzione del tuo soccorso con il vino della tua intercessione (che è) per il tempo che verrà.

1 Il nome « Krestos Samrā », nome conferito alla santa dal sacerdote che la battezzò, significa letteralmente in etiopico « Cristo se ne compiaccia! ».
2 Allusione a *Ioh.*, xx, 4. Come Giovanni precedette nella corsa il suo collega in apostolato, Pietro, alla porta della tomba di Gésù. 3 Cfr *Ioh.*, x, 3.

Salute alle tue narici che odorarono l'incenso (levantesi) dall'incensiere dei Cherubini, affinchè tu dimenticassi i dolori; sin oggi, Krestos Samrā, come Paolo nostro dottore, tu aggiungi bellezza su bellezza e su tempo hai aggiunto tempo.

Salute, io dico, alle tue labbra tenere, che non furono tenute ad odio nè ad opera alcuna di maldicenza; o gloria delle vergini, Krestos Samrā, e vanto di tutte le donne, la tua preghiera mi aiuti nell'ora della malattia e della morte. * Non aiuta forse la preghiera di un * p. 63 santo?

Salute alla tua bocca che elesse a suo custode scrupolosamente il silenzio per non pronunziare menzogna. O Krestos Samrā, fa attenzione a compiere i precetti di Giovanni. Tu hai visto le cose misteriose con molta maraviglia, come le vide Giovanni a Patmo.

Salute ai tuoi denti simili a grandine (bianca); ed alla tua lingua, che non fu molle alla frode. Ricordandoti, o Krestos Samrā, come (fu) al tempo di Mosè parente (tuo), affinchè tu combatta con chi apertamente mi combatte, manda a me la torma delle zanzare! [1]

Salute alla tua voce che non si levò come i Pubblicani; ed al tuo respiro salute che solleva il corpo. O Krestos Samrā, tu che per la tua maestà hai fatto uscire dallo Sceol, ungi dell'olio della salvezza che scaturì dalle tue ossa quel che il mio corpo per peccato ha piagato.

Salute alla tua gola che ha dolce il dire gratissimo della parola del Dio vivente. O Krestos Samrā, che custodisci la medicina, guarisci la mia debole umanità secondo le norme; e guariscila col digiuno poichè dal cibo essa si ebbe malanno.

Salute al tuo collo che pel cingolo della corda fu assoggettato; ed alle tue spalle che portarono il giogo in umiltà. O Krestos Samrā, togli dalle mani di Satana in disputa (le anime), * perchè il Primo- * p. 64 genito, tuo Creatore, scese nello Sceol a rapire i prigionieri di Satana.

Salute al tuo dorso ed al tuo petto che preferirono di stare in coperture di pelli anzi che in tuniche auree. O Krestos Samrā, non separarmi dalla compagnia di Cristo! E se il maligno serpente che tende insidie con la sua opera mi avrà oppresso, tu opprimilo nel suo consiglio!

Salute al tuo grembo che sinceramente si propose di essere providenza pei poveri e rifugio degli oppressi. Perchè tu, o Krestos

1 Cfr *Sap.*, XII, 8; *Exod.*, VIII, 24-32.

Samrā, ponesti la Legge di Dio a luce della tua via; hai acquistato (così) col tuo grembo il grembo di Abramo, dove è stato il tuo convito.

Salute alle tue mani ed alle tue sante dita, che hanno imparato insieme con le braccia ed i gomiti ad accettare le prove. Secondo l'uso dei Padri, al tempo del tuo passaggio al cielo, o Krestos Samrā, fanno a gara per riceverti la sorella di Mosè giubilante [1] e Debora in letizia [2].

Salute ai tuoi cubiti ed alle due palme tue! Il mio corpo, seme di rovina, che (pure) attende la resurrezione, tu, o Krestos Samrā, aggiungilo alla tua schiera, nel giorno che l'appello vi sarà per il suono delle buccine e la tramontana purificherà l'aia del grano.

Salute, io dico, alle tue dieci dita ed unghie! O Krestos Samrā, per bontà del Signore, gli anni dell'agone e dell'ascesi (tua), che
* p. 65 furono dodici : * alcuni passasti al lago Tana ed altri percorresti come una via.

Salute, io dico, alle tue mammelle che furono negate all'infante che non parlava ancora. In cambio di lui, o Krestos Samrā, il Signore ti diede Quirico, nuovo (tuo) figlio, che diventi padre della madre sua!

Salute al tuo fianco, che pigramente non giacque : cenere pose nel suo giaciglio. Invece, o Krestos Samrā, la meretrice, dove come te non potè fuggire, stese pel suo fianco bei tappeti e li asperse di croco.

Salute al tuo ventre con l'intelletto che tu hai ed ai tuoi reni che seguono la mente; mentre tu, o Krestos Samrā, corri a gara la via dei Santi in parità, non ti seguono per sete d'acqua le pietre di Qades e del Sinai [3] nè per fame il Gomor e la manna [4].

Salute, io dico, alle tue viscera interne ed ai tuoi intestini che loro si accompagnano. O Krestos Samrā, tu che hai la pazienza, prendi ogni mattina la canna delle labbra (e cioè) la preghiera per misurare la casa dell'anima mia!

* p. 66 Salute ai tuoi lombi, cinti di stola e pelli; * ed alle tue gambe salute, colonne di carne ed ossa! Ti supplico, o Krestos Samrā, per la Passione del Libero (Gesù) [5] che il sonno scompaia dai tuoi occhi sin che non mi avrai trovato un posto nel mondo futuro!

1 *Exod.*, XV, 20-21. 2 *Iud.*, V. 3 *Num.*, XX. 4 *Deut.*, XVI, 33-36.
5 Cfr *Matth.*, XVII, 25.

Salute alle tue ginocchia che si piegarono egualmente, quando Egli a te fece sottomettere le fiere dell'abisso e della terra. Non sia il mio inno, o Krestos Samrā, senza ricompensa! Quando Egli dirà alle pecore di destra : Venite a me! tu digli che la mia ricompensa è lo stare alla destra del Signore.

Salute ai tuoi piedi che corsero a visitare i malati, e che non disdegnarono di far misericordia ai miseri. O Krestos Samrā perchè il mare della tua ascesi non diventi scarso, tu sei entrata senza impedimenti per la porta delle pecore [1] ed il raggio di Maria Vergine ti ha visitato.

Salute al tuo calcagno ed alle tue piante egualmente, che calzarono sandali di oro ed argento! O custode del santuario, Krestos Samrā, come Simeone ed Anna; mentre seguivi la via di Takla Hāymānot, come mai l'hai diretta ai prati del Tana?

Salute, io dico, alle dita dei tuoi piedi con le unghie, loro ornamento! Mandami, o Krestos Samrā, la barca di Giovanni il buono, quando la barca farà tranquillo il compiersi del mio tempo, perchè temo di affondare nel mare dello Sceol.

* Salute, io dico, alla tua media statura, bella alla vista e di splen- * p. 67
dente rossore, Perciò, o Krestos Samrā, le figlie di re ti dicono : Molto sei bella e molto sei graziosa [2]. La tua statura somiglia una palma piacente [3].

Salute alla tua effigie che molto fu bella, mentre il freddo dell'inverno la ungeva ed il caldo la adornava. Quando avrò desiderato di vedere, o Krestos Samrā, la casa della tua anima, aprimi! aprimi, o mia seconda sorella! Entrerò in essa, o amore dell'anima mia!

Salute all'uscita della tua anima per la voce del Salmo di Davide; quando gli ecclesiastici ti visitarono al profumo dell'incenso, o Krestos Samrā, tu giungesti innanzi al volto di Cristo, perchè la rete dell'antico serpente per Adamo e la sua compagna non ti adombra con il suo tronco e le sue foglie.

Salute alla tua salma corporea adorante di cinnamomo e di aromi ed al tuo sudario salute! in veste di sindone. Quando la polvere della stanca mia carne sarà dispersa dalla morte, o Krestos Samrā, tu proteggila alla tua ombra, che è Paradiso, sin che dopo la dispersione si riunisca nuovamente la mia carne terrena.

[1] Cfr *Ioh.*, x, 3. [2] Cfr *Cant.*, vi, 8. [3] *Cant.*, vii, 7.

Salute alla tua tomba sul lido dell'isola del Tana ed alla tua futura resurrezione per ottenere gioia e speranza! O Krestos Samrā, son supplice come Paolo e Pietro : quando sarà dichiarato (il Giudizio)
* p. 68 in eterno per pecore e capre, * che l'Alfa mi ponga con le pecore!

Salute alla tua ascensione verso dove ascese il Capo non con la carne anzi con l'anima! O Krestos Samrā, la cui bontà è presso Cristo, intercedi ogni mattina l'aiuto dello Spirito Santo per questo santuario e questa gemma!

Purifica, o Krestos Samrā, con la tua grata preghiera me, servo, che mi son lavato del fango porcino; per la parole della preghiera di Mosè che onorò le ossa dei padri : le nere ossa di Ruben che erano fredde si fecero più bianche della grandine e sembrarono lana.

Io ti prego, o Krestos Samrā, tra gli uomini riuniti : Takla Hāymānot per la sua ascesi ed il beato Crisostomo. Berrò del vino della tua festa, amico della tua anima, assetato. Non è disceso forse a te un calice per mano di Michele ed il tuo calice non è forse saldo?

Ho concluso il tuo elogio, o Krestos Samrā madre nostra, perchè la tua grazia mi ha aiutato e mi ha accordato forza : affinchè la gente non dica in maldicenza : ha progettato al di là del suo potere la costruzione del tuo elogio e non ha potuto compiere quel che aveva cominciato!

* p. 69

* 2. TESTO DEL CODICE B SULLE TRE NASCITE

Allora mi rivolsi al mio Signore : Spiegami come fu la tua nascita! Mi rispose : Perchè mi chiedi della mia nascita? Gli dissi : Vi sono molti che disputano circa la tua nascita dallo Spirito Santo.

Allora mi rispose e disse : Mi hai posto un buon quesito che non mi chiesero i Santi che furono prima di te. E, ciò detto, mi dichiarò dicendo : Chi crede nella mia nascita dal Padre prima (della Creazione) del mondo, nascita mia ineffabile; e chi ancora crede nella mia nascita da Maria in carne come ogni uomo; e chi, per terzo, crede nella mia nascita dallo Spirito Santo : quelli che così credono io li farò entrare nel mio regno. Quando mi ebbe detto ciò, mi rallegrai molto.

3. COLOPHON DEGLI ATTI NEL CODICE B

E, quando io vi dico di averlo scritto io, Filippo, non crediate che l'abbia fatto corporeamente; ma l'ho trovato io, al tempo del nostro Re, Dāwit II. Ed essa mi ha detto : Ho abbandonato il mondo al tempo del Re Gabra Masqal. Perciò io dico di aver scritto (quest'opera) io, Filippo, mentre fu scritta per divina intelligenza, come disse Davide profeta : « E tutto è scritto nel tuo libro »[1].

* La commemorazione della madre nostra Krestos Samrā fu stabi- * p. 70
lita insieme con (quella del) padre nostro Takla Hāymānot. La preghiera e benedizione di lei siano col suo servo Sāhla Sellāsē. Nei secoli dei secoli. Amen ed Amen. Fiat. Fiat.

Ci perdoni (il Signore) nel Regno dei Cieli tutti insieme : Ḫāyla Sellāsē che lo ha copiato; Sāhla Sellāsē che lo ha fatto copiare; e chi lo legge e chi lo interpreta e chi ne ascolta le parole. E particolarmente il servo di lei, Sāhla Sellāsē. Nei secoli dei secoli. Amen.

4. STROFE AGGIUNTE IN B ALL'EFFIGIE DI KRESTOS SAMRĀ

Salute a te, o Krestos Samrā, saggia come il serpente del vasto deserto; e che fosti detta, a voce di popolo, ingenua come la colomba.

Salute a te (che) invocasti perdono dal Creatore per Mā'qaba Egzi'e, il quale fermava la morte per forza di incanti; e fosti pacificatrice (tra lui ed il Signore).

Salute a te (che) lavasti con acqua di sangue quel mago nella pelle del suo debole corpo, che fu flagellata, come inchiostro.

Salute a te, che chiedesti il perdono della colpa in favore della radice di malizia, Satana, dicendo : Così si calmeranno i peccatori dall'angustia del Giudizio.

Salute a te che, perchè non restasse allora vano il premio della tua fatica, depredasti il palazzo dello Sceol * e le anime che lo arreda- * p. 71
vano.

Salute a te! Non allontanarti, o Krestos Samrā, da me, tuo solo figlio, al tempo della messe e della falciatura; perchè l'anima mia, se è sola, tremerà chè il suo libro si aprirà nel Tribunale.

Per questo tuo Patto proteggi me, tuo servo, Sāhla Sellāsē.

1 *Ps.* CXXXVIII, 16.

5. RIASSUNTO FINALE DEGLI ATTI DI KRESTOS SAMRĀ NEL CODICE B

In nome del Padre, del Figlio e dello Spirito Santo, Dio unico. Addì 24 (del mese) di naḥasē. In questo giorno morì la santa Krestos Samrā, che rinunziò al mondo e vinse le passioni. I genitorì di questa santa erano del paese di Scioa e di nobile stirpe. Il padre aveva nome Darsagueni; e la madre : Elena. Erano molto ricchi di oro, argento e di tutti i beni di questo mondo effimero. E generarono questa santa, la madre nostra Krestos Samrā; e chiunque la vedeva, si meravigliava della bellezza del suo aspetto ed assai stupiva della grazia del suo volto. Fu (Krestos Samrā) allevata bellamente, come si allevano i figli dei Re; e le insegnarono tutti i libri della Chiesa. Nè mai si interrompeva la sua bocca dal pregare recitando i Salmi di Davide e le Laudi ed i santi Vangeli; e sapeva diligentemente copiare la Scrittura; ed ancora l'arte dei cantici di Yārēd l'ecclesiastico, perchè ai tempi di lei fiorì Yārēd il cantore. Quando essa diventò adulta e giunse all'età di maritarsi, la fidanzarono con un uomo di nome Samra Giyorgis, figliuolo del qēsa ḥaḍē Iyasus
* p. 72 Mo'a, dell'antica stirpe * dei Ṣāsorguē, che era amico del Re e molto ricco in beni di questo mondo. E la sposarono con questo uomo. Quando egli vide la bellezza del volto di lei, molto la amò. Ognuno che la vedeva stupiva e gioiva per la bellezza del suo volto.

Il suocero di lei, Iyasus Mo'a, profetizzò dicendo : 'Questa donna è grande.' E la onorava come sua signora. Quindi essa partorì al suo marito Samra Giyorgis undici figli, di cui nove maschi e due femmine. Li allevò ed insegnò loro la Legge del Signore. Ed il Re di Etiopia, unto del Signore, le donò schiavi e schiave, che stessero alla destra ed alla sinistra di lei ed andassero innanzi e dietro di lei. Tutto ciò fu fatto col beneplacito del Signore Altissimo.

Un giorno, mentre stava nel recinto della sua casa, vide un Angelo che prendeva tre pani e li spezzava. Ed essa disse ai suoi familiari : 'Portatemi quei pani ! ' Le portarono pani fatti in casa. Disse loro : 'Non voglio pani della mia casa; invece portatemi i pani che ho visto nelle mani dell'Angelo.' Allora fu meraviglioso (ciò) per i servi di lei. E (l'Angelo) dette alla beata Krestos Samrā uno dei tre pani. Essa mangiò quel pane; ed a sera di quel giorno non mangiò alla mensa di casa sua, perchè il suo stomaco era sazio del dolce gusto di quel pane. Davvero Israelita fu Krestos Samrā, perchè si alimentò di cibo celeste; come disse Davide nel Salmo : « Ed i figli degli uomini mangiarono il pane dei Suoi Angeli. »[1]

E, mentre così stava Krestos Samrā, c'era in casa di lei una schiava di cattiva condotta che non temeva Dio, ed era molesta in ogni cosa che facesse. Un giorno la madre nostra Krestos Samrā si adirò e le pose un carbone ardente in gola; come disse il Profeta : « Ponete nella bocca di Babilonia un talento di piombo! » Morì allora quella schiava. E * la beata Krestos Samrā cominciò a piangere e (* p. 73) diceva : 'Come mai sono divenuta ribelle alla Legge del Signore mentre io sono una donna cristiana? E sono stata raffigurata (in parabola) nella terra di Sion, di cui disse Isaia profeta: « Come mai è divenuta meretrice la terra di Sion fedele, che fu piena di gioia e nella quale dimorò la giustizia? »[2] Perchè io ho violato le leggi del Signore ed ho commesso omicidio. Sono diventata peccatrice contro tutte le leggi; perchè ho peccato contro una legge, e cioè l'omicidio, mentre io (per di più) sono moglie di un ecclesiastico, vale a dire : custode della Legge del Signore.' Così essa piangeva e si lamentava, ponendosi cenere e terra sulla testa. E per il suo troppo dolore promise e disse al Signore : 'Se tu risusciti questa schiava che io ho ucciso di mia mano, io abbandonerò il mondo e quanto è in esso.' Diceva poi nella sua preghiera : « Ascolta, o Signore, la mia preghiera »[3] sino al suo compimento. « La mia parola ascolta, o Signore, e fa attenzione al mio grido. »[4] Tali preghiere ed altre simili recitò lungamente; e quando per il troppo pianto e lamento si stancò e si riposava, vennero le sue schiave e le dissero : 'Sta lieta, signora nostra; la schiava tua che era morta è risuscitata ed è viva.' Tale parola somigliava alla parola del Vangelo, dove disse : « La ragazza non è morta, ma dorme. »[5] Allora essa (Krestos Samrā) andò e vide la sua schiava che era viva. Allora disse : 'Ringrazia l'anima mia il Signore nella mia vita.' E recitò ancora dicendo : « Quando ho invocato il mio Signore, ha ascoltato la mia giustizia e mi ha alleviato dalle tribolazioni. »[6] E recitò tre volte dicendo : « Sia benedetto il Signore, che non ha rifiutato la mia preghiera e non ha allontanato da me la sua misericordia. »[7] Perciò

[1] *Ps.* LXXVII, 25. [2] *Is.*, I, 21. [3] *Ps.* LIV. [4] *Ps.* LX, 2. [5] *Marc.*, V, 39. [6] Cfr *Ps.* IV, 2. [7] *Ps.* LXV, 20.

si è rallegrato il mio cuore ed ha gioito la mia lingua [1]. Quando ebbe terminato questi ringraziamenti e lodi, si ricordò delle parole che erano uscite dalla sua bocca; e disse : Ormai compirò il voto che ho pronunziato con la mia bocca. Quindi prese a preparare le sue vesti monacali. Le chiesero i suoi familiari : Per chi prepari queste? * p. 74 Rispose loro : Vi sono monaci * che verranno ed io donerò loro queste vesti. Ed essi non capirono che si trattava di lei, perchè aveva loro insinuato come pretesto queste ambigue parole.

Poi un giorno disse ai suoi servi : Portatemi per andare in chiesa! E, quando andò e giunse (alla chiesa), rinviò i suoi servi a casa trattenendo (soltanto) una schiava ed un piccolo bambino suo figlio perchè questi non morisse di fame a causa della sua piccola età chè non aveva ancora lasciata di poppare alla mammella materna. Entrò in chiesa e cominciò a pregare con saldo cuore il Signore, dicendo : « In te mi sono confidata, Signore, e non sarò confusa in eterno. E nella tua giustizia libera me! Volgi il tuo orecchio verso di me e presto salvami! Sii tu il mio Dio ed il mio Salvatore! perchè tu salvi la casa del mio rifugio; chè tu sei la mia forza ed il mio scampo. Per il tuo nome, guidami ed allimentami! [2] » Inoltre diceva : « Sono lieta perchè mi dicono che vado nella casa del Signore [3] », sino alla fine (del Salmo). Poi per terzo recitò e disse : « Saldo è il mio cuore, Signore; saldo è il mio cuore. Inneggerò e canterò » [4], sino alla fine (del Salmo). Quindi Paolo Apostolo che disse nella sua Epistola : « Che giova all'uomo anche il guadagnare tutto il mondo, se ha perduto la sua anima? » Ed uscì in fretta, leggendo il Salmo di Davide dove dice : « Il Signore mi illumina e mi salva; che mi farà paura? Il Signore è il protettore della mia vita; che mi spaventerà? [5] E mentre ciò diceva, affrettava il suo cammino per la via. Ma, non avendo calzari ai piedi, le si lacerava la pelle dei piedi ed il sangue usciva come acqua. Mentre ancora così soffriva per il caldo del giorno ed il freddo della notte, giunse a Dabra Libānos.

Quando giunse alla porta del monastero, tirò fuori il rasoio dal grembo e si rase, di sua mano, i capelli della testa. Si tolse gli * p. 75 abiti * e li diede ai poveri. Quindi indossò l'abito monacale ed entrò nel convento delle manache, lasciando il figlio bambino alla porta

[1] *Ps.* XV, 9. [2] *Ps.* XXX, 1-4. [3] *Ps.* CXXI, 1. [4] *Ps.* LVI, 8. [5] *Ps.* XXVI, 1.

del convento, perchè non può entrare colà alcun maschio. In verità, la beata Krestos Samrā ebbe forte il cuore, ricordandosi della parola di Nostro Signore, che disse nel Santo Vangelo: « Chi non ha abbandonato suo padre e sua madre, la sua casa ed i figli non potrà accompagnarsi con me. » Ed allora essa si accompagnò col suo Creatore, affliggendo il suo corpo con fame, sete, freddo e nudità nè toccava cibo per interi giorni. Digiunava ogni settimana; ma il giorno di domenica soltanto si cibava di un poco di foglie di alberi o di verdura in onore della Resurrezione del Redentore.

La fama di lei si sparse in tutto il mondo; ed essa faceva miracoli e prodigi : guariva tutti gli ammalati che venivano da lei. Ed anche Re e notabili le portavano molte offerte che essa non accettava. Perciò si turbò nel cuore e pensò : Abbandonerò questo monastero, me ne andrò altrove. Allora se ne uscì di notte, senza dirlo alle monache; e cominciò ad andare per la via. Per strada diceva : 'Guidami, Signore, per la via nella quale io vado!' Quando ebbe detto ciò, venne San Michele a guidarla e la fece giungere all' isola chiamata Guangut; e le disse : Questa è la tua spettanza.

Quando la madre nostra Krestos Samrā vide quell'isola, assai le piacque e disse : Quest'isola è il mio luogo di riposo in eterno. Qui io dimorerò chè l'ho prescelta. Benedirò le sue vedove, satollerò di cibo i suoi poveri. Quindi cominciò fortemente il suo agone spirituale, come se non avesse mai cominciato a combatterlo. Ed un giorno la madre nostra Krestos Samrā vide una visione : venivano a lei pecore biancheggianti e colombe candide. Chiese : Che sono queste? L'Angelo le rispose : Le pecore sono i tuoi figli, monaci puri; * e le colombe bianche sono le tue figlie, monache. * p. 76

Dopo questa visione la fama di lei si sparse in tutto il mondo, e si riunivano (da lei) da lontano e da vicino molte vergini e vedove ed anziane; e quelle che avevano marito abbandonavano il loro marito e seguivano Krestos Samrā. Ed essa diceva alle vergini che venivano da lei : 'Io vi sposo con uno sposo vergine e puro, Gesù Cristo.' E soggiungeva : 'Non siate come le vergini stolte, che fecero spegnere la loro lampade, ma siate come le vergini saggie che tennero pronte le loro lampade per entrare alle nozze dello sposo.' Inoltre essa (Krestos Samrā) citava (loro) altre massime dagli scritti dei Santi Padri, dagli Atti di sante donne. Le ammoniva ed insegnava la madre nostra Krestos Samrā. Poi disse : 'Ormai me ne andrò dal mio signore Gesù Cristo. E, dopo, il monaco Isacco vi sia padre.' Ciò detto, entrò in una grotta; e piantò dodici chiodi. Portò quindi una fune e si legò dietro (le mani). Chiuse poi la bocca della grotta e restò (colà) molti anni in agone spirituale.

Dopo ciò, quando si appressò il tempo del suo trapasso, venne a lei Nostro Signore Gesù Cristo — al cui Nome ci si prosterni! — e le diede il patto : 'Chi invoca il nome di lei e celebra la commemorazione di lei, chi edifica un luogo di culto per lei e chi ne scrive gli Atti, io gli perdonerò i suoi peccati sino alla decima generazione.' Ciò detto, il Redentore riascese al cielo. Allora l'anima si separò dal corpo di Krestos Samrā. E quando venne a lei il monaco Isacco, la trovò morta.

La durata della vita della madre nostra Krestos Samrā fu di 375 anni [1].

Scrisse la storia dell'agone spirituale di lei Filippo figlio (spirituale) di Takla Hāymānot. La preghiera e benedizione di lei siano
* p. 77 col suo servo Sāhla Sellāsē * e con l'amanuense Ḫāyla Sellāsē e con noi tutti ascoltatori. Nei secoli dei secoli : Amen.

Mentre regolava la misura del suo discorrere e del parlare della sua lingua, || finì i suoi giorni in solitudine Krestos Samrā. || Non la spaventava il giorno nè l'addolorava la notte || il pianto dei suoi figliuoli ed il gemito del suo piccolo bambino, || perchè essa aveva vinto il cattivo pensiero.

*
**

O Dio di Krestos Samrā, proteggi dalle afflizioni del corpo e dell'anima il tuo servo Sayfa Mikā'ēl possente, ed apostolo e rifugio di Dabra Libānos; ed il caro fratello di lui ʿAḍma Giyorgis, artefice di ogni opera, e la sorella di lui Egzi'e Ḫarayā, buona in ogni cosa.

O Dio di Krestos Samrā, fa dimorare nel regno dei cieli le anime dei tuoi servi Sāhla Sellāsē (e) Ḫāyla Malakot. Nei secoli dei secoli. Amen ed Amen.

[1] È un tratto non raro degli Atti etiopici quello di attribuire una lunghissima durata alla vita terrena dei Santi, di cui si scrive la biografia.

INDICE DEI PASSI BIBLICI

INDICE DEI NOMI PROPRI DI PERSONA

INDICE DEI NOMI GEOGRAFICI E DI POPOLAZIONI

INDICE DELLE OPERE ETIOPICHE CITATE

INDICE DEGLI ARGOMENTI PRINCIPALI

INDICE GENERALE